독일, 프랑스, 이탈리아 역사산책 2

독일, 프랑스, 이탈리아 역사산책 2

발행일   2019년 7월 24일

지은이   이기성
펴낸이   손형국
펴낸곳   (주)북랩
편집인   선일영   편집   오경진, 강대건, 최승헌, 최예은, 김경무
디자인   이현수, 김민하, 한수희, 김윤주, 허지혜   제작   박기성, 황동현, 구성우, 장홍석
마케팅   김회란, 박진관, 조하라, 장은별
출판등록   2004. 12. 1(제2012-000051호)
주소   서울시 금천구 가산디지털 1로 168, 우림라이온스밸리 B동 B113, 114호
홈페이지   www.book.co.kr
전화번호   (02)2026-5777   팩스   (02)2026-5747

ISBN   979-11-6299-778-9 04920 (종이책)   979-11-6299-779-6 05920 (전자책)
           979-11-6299-775-8 04920 (세트)

이 도서의 국립중앙도서관 출판예정도서목록(CIP)은 서지정보유통지원시스템 홈페이지(http://seoji.nl.go.kr)와
국가자료공동목록시스템(http://www.nl.go.kr/kolisnet)에서 이용하실 수 있습니다.
(CIP제어번호: CIP2019028423)

(주)북랩 성공출판의 파트너
북랩 홈페이지와 패밀리 사이트에서 다양한 출판 솔루션을 만나 보세요!
홈페이지 book.co.kr   •   **블로그** blog.naver.com/essaybook   •   **원고모집** book@book.co.kr

2

천 년 적敵과의 동 침

독일, 프랑스, 이탈리아
역사산책

글·사진 이기성

북랩 book Lab

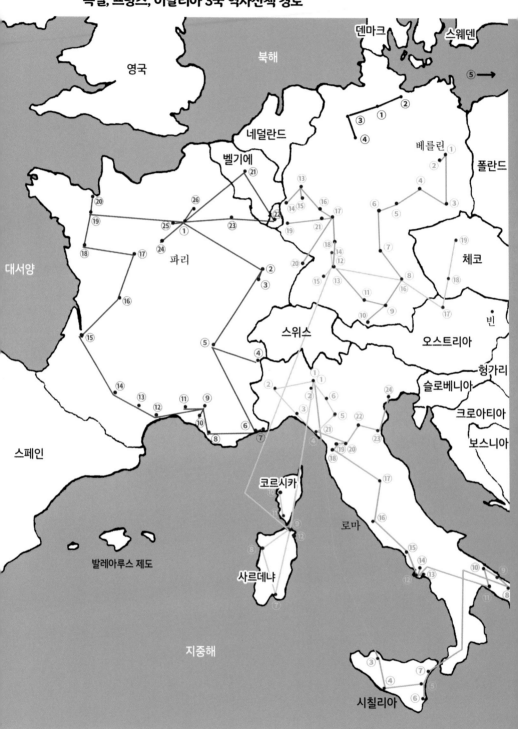

독일, 프랑스, 이탈리아 3국 역사산책 경로

2013년
독일 여행:5/30~7/7

1. 베를린
2. 포츠담
3. 드레스덴
4. 라이프치히
5. 바이마르
6. 에르푸르트
7. 뉘른베르크
8. 레겐스부르크
9. 뮌헨
10. 퓌센
11. 아우구스부르크
12. 슈투트가르트
13. 쾰른
14. 아헨
15. 본
16. 코블렌츠
17. 프랑크푸르트
18. 하이델베르크
19. 트리어
20. 스트라스부르
21. 마인츠

2014년
이탈리아 여행: 3/28~5/7

1. 밀라노
2. 파비아
3. 팔레르모
4. 아그리젠토
5. 카타니아
6. 시라쿠사
7. 타오르미나
8. 레체
9. 브린디시
10. 바리
11. 타란토
12. 소렌토
13. 아말피

14. 폼페이
15. 나폴리
16. 로마
17. 아시시
18. 피사
19. 루카
20. 피렌체
21. 친퀘테레
22. 볼로냐
23. 라벤나
24. 베네치아

2015년
프랑스 여행:4/8~5/23

1. 파리
2. 디종
3. 본느
4. 샤모니
5. 리옹
6. 니스
7. 모나코
8. 마르세유
9. 아비뇽
10. 아를
11. 님
12. 나르본
13. 카르카손
14. 툴루즈
15. 보르도
16. 푸아티에
17. 투르
18. 낭트
19. 렌
20. 몽생미셸
21. 브뤼셀(워털루)
22. 룩셈부르크
23. 랭스
24. 오를레앙
25. 베르사유
26. 콩피에뉴

2016년
독일 여행: 5/20~5/27, 칼리닌그라드 여행: 6/27~6/29

1. 함부르크
2. 뤼베크
3. 브레멘
4. 하노버
5. 칼리닌그라드

2018년
이탈리아, 프랑스, 독일, 오스트리아, 체코 여행: 4/27~6/5

1. 밀라노
2. 토리노
3. 제노바
4. 친퀘테레
5. 파르마
6. 피아첸차
7. 칼리아리
8. 알게로
9. 산타 테레사 갈루라
10. 아작시오
11. 보니파시오
12. 올비아
13. 슈투트가르트
14. 슈파이어
15. 체칭겐
16. 레겐스부르크(밤벨라)
17. 린츠
18. 체스키 크룸로프
19. 프라하

차례

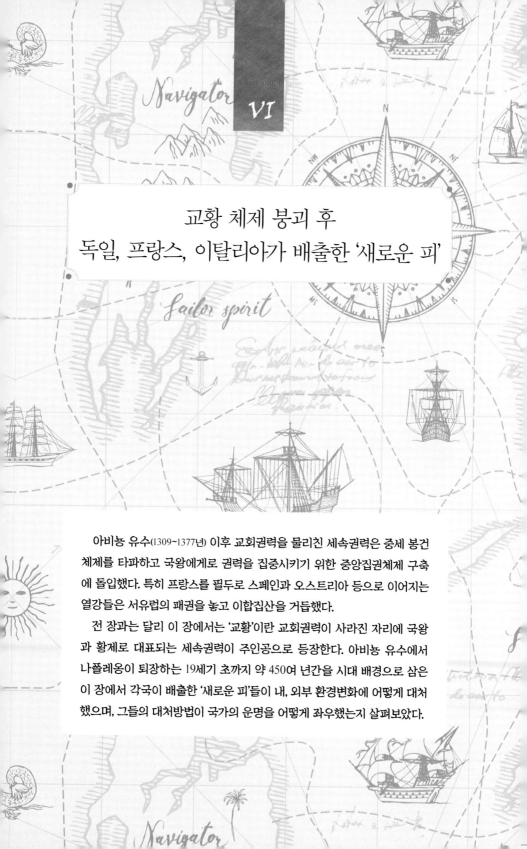

교황 체제 붕괴 후
독일, 프랑스, 이탈리아가 배출한 '새로운 피'

아비뇽 유수(1309~1377년) 이후 교회권력을 물리친 세속권력은 중세 봉건 체제를 타파하고 국왕에게로 권력을 집중시키기 위한 중앙집권체제 구축에 돌입했다. 특히 프랑스를 필두로 스페인과 오스트리아 등으로 이어지는 열강들은 서유럽의 패권을 놓고 이합집산을 거듭했다.

전 장과는 달리 이 장에서는 '교황'이란 교회권력이 사라진 자리에 국왕과 황제로 대표되는 세속권력이 주인공으로 등장한다. 아비뇽 유수에서 나폴레옹이 퇴장하는 19세기 초까지 약 450여 년간을 시대 배경으로 삼은 이 장에서 각국이 배출한 '새로운 피'들이 내, 외부 환경변화에 어떻게 대처했으며, 그들의 대처방법이 국가의 운명을 어떻게 좌우했는지 살펴보았다.

	독일	이탈리아/잉글랜드	프랑스	주요 사건
900년	오토 1세 (936~973)	베렌가리우스 2세 (950~961)	샤를 3세 (839~922) V-제1장	* 생클레르 조약(911) * 레흐펠트 전투(955)
1000년	하인리히 4세 (1056~1106)	그레고리우스 7세 (1073~1085)		* 카노사의 굴욕(1077)
1100년		V-제2장		
	오토 4세 (1208~1215)	리처드 1세 (1189~1199)	필리프 2세 (1180~1223)	* 제3차 십자군 원정(1189~1192)
1200년			V-제3장	* 부뱅 전투 (1214)
		페데리코 2세 (프리드리히 2세) (1220~1250) V-제4장		* 제6차 십자군 원정(1228~1229) * 대공위 시대(1254~1273) * 뒤른크루트 전투(1278)
	루돌프 1세 (1273~1291)	V-제5장		
1300년		보니파시오 8세 (1294~1303)	필리프 4세 (1285~1314) V-제6장	* 아비뇽 유수(1309~1377) * 백년전쟁(1337~1453)
		VI-제1장		
1400년		헨리 5세 (1413~1422) 헨리 6세 (1422~1461)	잔 다르크 (1412~1431) 샤를 7세 (1422~1461)	* 랭스 탈환 (1429) * 이탈리아 대전쟁 (1494~1559)
	막시밀리안 1세 (1493~1519) VI-제2장		VI-제3장	
1500년	카를 5세 (1519~1556)		프랑수아 1세 (1515~1547)	* 파비아 전투 (1525) * 위그노 전쟁 (1562~1598)
			앙리 4세 (1589~1610)	
1600년	페르디난트 2세 (1619~1637)		VI-제4장	* 30년 전쟁 (1618~1648)
1700년	프리드리히 대왕 (1740~1786) 마리아 테레지아 (1740~1780)			* 오스트리아 왕위계승전쟁 (1740~1748) * 7년 전쟁 (1756~1763)
1800년	VI-제5장		나폴레옹 1세 (1804~1814) VI-제6장	* 나폴레옹 전쟁 (1803~1815)

제1장
국왕國王과 성녀聖女
샤를 7세|Charles Ⅶ와 잔 다르크Jeanne d'Arc

때때로 역사의 결과는 군대의 힘으로 결정되기도 하고 우연한 사건으로 결정되기도 한다.

그러나 15세기 프랑스의 역사는 어린 소녀의 의지로 결정되었다.

이 소녀는 17세의 어린 나이에 전 군軍을 통솔한 역사적으로 전무후무한 인물이다.

-〈에이지 오브 엠파이어 2〉 중에서

1.

프랑스에서 제일 긴 루아르Loire강은 프랑스의 한복판을 가로질러 서쪽의 비스케이만灣Bay of Biscay으로 흘러든다. 루아르강 중류의 루아르 계곡에는 그림 같은 고성古城들이 점점이 흩어져있다. '프랑스의 정원garden of France'으로 불리는 이곳은 유네스코 세계문화유산으로 지정되어 있다. 앙부아즈Amboise, 쉬농소Chenonceaux, 샹보르Chambord, 빌랑드리Villandry, 랑제Langeais 등 저마다의 개성을 자랑하는 고성들 중에는 백년전쟁과 관계가 깊은 시농성Forteresse Royal de Chinon도 있다.

1429년 2월 23일, 프랑스 동쪽 끝 알자스-로렌 지방의 시골 마을 동레미Domrémy에서 온 처녀가 시농성에 피신 중인 왕태자에게 알현을 요청했다. 동레미에서 시농성까지의 거리는 430㎞, 그녀에게는 심술궂은 늦겨울 날씨보다 오는 길 내내 적군의 점령지역을 통과하는 일이 더 큰 고역이었다. 얼마 전 한 지방 영주로부터 시골 처녀를 만나봐 달라는 요청을 받은 왕태자의 심정은 참담하기 짝이 없었다. 영주는 그녀가 신의 계시를 받아 왕태자를 도우려 한다고 말했다. 하지만 자신의 처지가 얼마나 비참하게 보였으면 이런 부류의 사람들까지 나를 만만히 보나 하는 자격지심마저 들었다. 생각 같아서는 시골 처녀는 물론이고, 그녀를 만나보라고 추천한 지방 영주까지 혼내주고 싶었다. 하지만 워낙 절박한 상황이었기에 왕태자는 지푸라기라도 잡는 심정으로 알현을 허락했다. 왕태자의 이름은 후에 샤를 7세Charles Ⅶ(재위: 1422~1461년)가 되는 샤를Charles이었고, 그를 알현코자 했던 시골 처녀의 이름은 당시 열일곱 살의 잔 다르크Jeanne d'Arc였다.

1403년, 왕태자 샤를은 프랑스 발루아Valois 왕조의 제4대 왕인 샤를 6세Charles VI(재위: 1380~1422년)의 다섯째 아들로 태어났다. 만약에 위로 있는 네 명의 형들 모두가 일찍 죽지 않았다면 샤를이 역사의 전면에 나설 일은 없었을 것이다. 또한 부왕 샤를 6세가 정신병만 걸리지 않았어도 그의 앞날이 그렇게 험하지는 않았으리라. 부왕 샤를 6세는 친정을 편지 겨우 4년 만인 1392년부터 갑작스러운 광증으로 정상적인 정무를 볼 수 없었다. 이에 섭정 자리를 놓고 '아르마냐크Armagnacs파'와 '부르고뉴Bourguignons파'의 권력다툼이 시작되었다. 오를레앙Orléans을 중심으로 한 아르마냐크파와 부르고뉴 공국을 본거지로 한 부르고뉴파 모두 샤를 6세의 섭정이 되어 권력을 장악하고 싶었던 것이다. 그러던 중인 1407년, 부르고뉴파가 아르마냐크파의 지도자인 오를레앙 공작을 암살하는 사건이 발생했다. 이때부터 두 파로 갈린 프랑스는 본격적인 내란 상태로 접어들게 되었다. 하지만 당시 프랑스는 그렇게 한가하게 집안싸움이나 하고 있을 처지가 아니었다. 발루아 왕조가 시작된 이래 네 명의 왕을 거치면서 지속되어온 잉글랜드와의 오랜 전쟁이 끝나지 않았기 때문이었다.

2.

　1413년, 스물다섯 살의 젊은 나이로 잉글랜드 랭커스터Lancaster 왕조의 제2대 왕이 된 헨리 5세Henry V(재위: 1413~1422년)는 프랑스에는 커다란 재앙이었다. 왕태자 시절부터 부왕을 따라 웨일스 원정을 수행했던 헨리 5세가 왕위에 올랐을 때, 그는 이미 전투경험이 풍부한 명장名將이 되어 있었다. 자유자재로 영어를 구사할 수 있는 최초의 잉글랜드 왕이었던 그는 선대왕들의 꿈을 뛰어넘어 프랑스를 완전히 정복하여 프랑스 왕을 겸하겠다는 웅대한 꿈을 꾸었다. 그가 이런 꿈을 꾸게 된 데에는 나름 충분한 근거가 있었다. 첫 번째는 내부 문제를 해결하기 위해서였다. 헨리 5세가 왕이 되기 14년 전인 1399년, 그의 아버지 헨리 4세Henry Ⅳ(재위: 1399~1413년)는 플랜태저넷 왕조의 리처드 2세가 아일랜드 방문차 국내를 비운 틈을 타서 왕위를 찬탈했다. 백성의 신망을 잃은 왕을 내쳤다는 대의명분을 내세웠지만, 랭커스터 왕조를 개창한 헨리 4세는 평생 정통성 시비에 시달렸다. 이런 찬탈자의 후계자로서 자신에게 씌워진 부정적인 멍에를 벗어나기 위해서 헨리 5세는 외부의 적을 만들어 국내의 불만을 해소하려 했다. 그런 그에게 오랫동안 소강상태에 빠져있던 백년전쟁을 재개하는 것만큼 더 좋은 방법도 없었을 것이다. 두 번째는 프랑스 스스로가 불러들인 절호의 기회였다. 헨리 5세가 즉위했을 당시 프랑스 국왕은 미쳐있었고, 국내는 당파싸움으로 만신창이 되어있었다. 그러니 잉글랜드 왕에게는 이보다 더 좋은 기회도 없었다.

왕위에 오른 지 1년 뒤인 1414년, 헨리 5세는 프랑스에 터무니없는 요구를 들이대며 시비를 걸었다. 아키텐은 물론이거니와 노르망디, 앙주, 브르타뉴, 플랑드르 등지까지 몽땅 내어놓으라는 것이었다. 당장 전쟁을 벌일 능력이 없었던 프랑스는 가스코뉴를 양도하고 거액의 보상금을 지불하겠다며 달랬지만, 개전開戰의 명분을 찾던 헨리 5세의 귀에 들어올 리 없었다.

3.

80여 년 전인 1336년부터 시작된 이 오랜 전쟁은 따지고 보면 프랑스가 먼저 시비를 건 전쟁이었다. 1328년, '자크 드 몰레Jaque de Molay의 저주'를 받은 카페 왕조의 마지막 왕 샤를 4세가 후사 없이 타계하자, 왕위계승 후보자로 두 사람이 물망에 올랐다. 한 사람은 필리프 4세의 딸 이사벨라가 낳은 잉글랜드 왕 에드워드 3세였고, 또 한 사람은 필리프 4세의 동생인 발루아 백작의 아들 필리프(후에 필리프 6세)였다. 즉 한쪽은 필리프 4세의 외손자로 모계직계母系直系인 잉글랜드 왕이었고, 또 한쪽은 필리프 4세의 친조카로 남계방계男系傍系인 발루아 백작이었다. 양측이 서로 밀고 당기던 중에 선수를 치고 나온 쪽은 발루아 백작 측이었다. 옛날 옛적 클로비스가 만든 살리카 법전Lex Salica을 들고 나온 것이다. 하지만 문제의 살리카 법은 기본적으로 분할 상속을 원칙으로 하되, '딸은 토지를 상속받을 수 없다'라고 규정했을 뿐이었다. 따라서 남성남계男性男系에 의한 왕국계승을 명시한 구절은 어디에도 없었지만, 발루아 백작은 직계든 방계든 상관없이 프랑스 왕은 남성남계를 통해서만 계승해야 된다고 우겼다. 이에 대해 에드워드 3세의 모친은 설사 자신이 딸이어서 왕위계승이 불가능하다면, 왕위계승권은 당연히 자기 아들에게 돌아와야 한다고 주장했다. 양쪽의 주장 중에 사실 혈통이나 논리로 봤을 때 에드워드 3세 쪽에 더 정당성이 있었다. 하지만 외국인 왕보다는 프랑스인 왕을 선호한 프랑스 제후들은 이를 무시하고 발루아 백작의 손을 들어주었다. 이로써 발루아 백작 필리프는 프랑스 국왕 필리프 6세Philippe VI(재위: 1328~1350년)로 등극하여 발루아Valois 왕조를 열었다. 당연히 플랜태저넷가家의 에

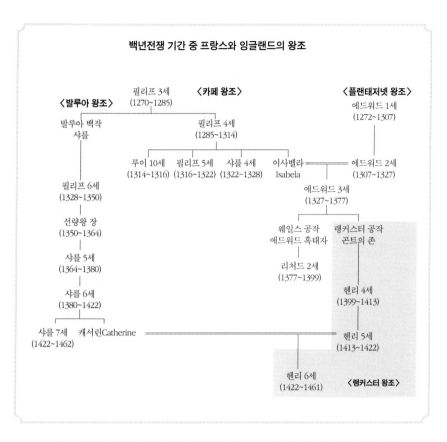

백년전쟁 기간 중 프랑스와 잉글랜드의 왕조

〈발루아 왕조〉

필리프 3세
(1270~1285)

〈카페 왕조〉

〈플랜태저넷 왕조〉
에드워드 1세
(1272~1307)

발루아 백작
샤를

필리프 4세
(1285~1314)

필리프 6세
(1328~1350)

루이 10세
(1314~1316)

필리프 5세
(1316~1322)

샤를 4세
(1322~1328)

이사벨라
Isabela

에드워드 2세
(1307~1327)

선량왕 장
(1350~1364)

에드워드 3세
(1327~1377)

샤를 5세
(1364~1380)

웨일스 공작
에드워드 흑태자

랭커스터 공작
곤트의 존

샤를 6세
(1380~1422)

리처드 2세
(1377~1399)

헨리 4세
(1399~1413)

샤를 7세
(1422~1462)

캐서린Catherine

헨리 5세
(1413~1422)

헨리 6세
(1422~1461)

〈랭커스터 왕조〉

드워드 3세는 불만이었지만, 이때만 해도 카페가家의 방계인 발루아가
家가 프랑스 왕위를 계승하는 것을 묵인했다.

 하지만 새로운 프랑스 왕의 탐욕은 끝이 없었다. 촌수로 따지면 필
리프 6세와 에드워드 3세는 아저씨와 조카 사이인 숙질叔姪인 셈이다.
그렇다면 조카에게 미안한 마음이 들 법도 했으련만, 필리프 6세는 오
히려 자신의 정통성을 확보하려고 무리수를 두었다. 일부러 잉글랜드
의 아킬레스건을 건드린 것이다. 새로운 왕조를 인정하지 않는 반대파

들을 무마하기에는 플랜태저넷 왕조를 프랑스에서 완전히 떼어내는 것만큼 좋은 방법도 없었다. 그래서 프랑스 왕은 당시 잉글랜드에게 끈질기게 저항하는 스코틀랜드와 보란 듯이 동맹을 맺었다. 더 나아가 스코틀랜드 전함들이 합세한 프랑스 함대를 마르세유에서 도버 해협을 지나 북부 프랑스로 이동시키면서 잉글랜드를 위협했다. 이에 그동안 참고 참았던 에드워드 3세의 분노가 폭발했다. 1336년, 국회의 동의를 얻어 보낸 그의 선전포고문은 프랑스 왕의 가장 아픈 곳을 찔렀다. "자칭 프랑스 왕이라는 발루아 가문의 필리프는 보아라!" 이런 경우에는 숙부고 나발이고 눈에 들어오지 않는 모양이다. 에드워드 3세는 새삼 8년 동안이나 시비 걸지 않았던 프랑스 왕위를 내어달라며 달려들었다. 머리끝까지 화가 치밀기는 필리프 6세도 마찬가지였다. 이듬해인 1337년, 무력으로 아키텐 영지를 점령한 필리프는 자신의 봉신인 에드워드 3세의 아키텐 영지를 프랑스 왕의 자격으로 적법하게 몰수한다고 선언했다.

이제 두 나라는 전쟁을 피할 수 없게 되었다. 개전 시점에서 볼 때 두 사람은 서로 믿는 구석이 있었다. 먼저 프랑스의 경우, 객관적인 국력으로 봐서 프랑스가 잉글랜드에게 질 리 없었다. 인구만 해도 당시 프랑스는 1,600만 명이었던 데 비하여 잉글랜드는 겨우 1/4에 불과한 400만 명에 지나지 않았기 때문이었다. 게다가 프랑스는 십자군 전쟁 이후로 유럽에서 가장 많은 기사를 보유하고 있었다. 하지만 이런 수적 열세에도 불구하고 잉글랜드는 비장의 카드를 쥐고 있었다. 하나는 풍부한 실전경험이었고, 둘은 신무기의 보유였다. 십자군 전쟁 이후 태평했던 프랑스와는 달리 오랫동안 스코틀랜드와 싸워왔던 잉글

랜드는 일당백一當百의 실전용사들이 많았다. 또한 프랑스가 듣도 보도
못한 '장궁long bow'이란 신무기가 있었다.

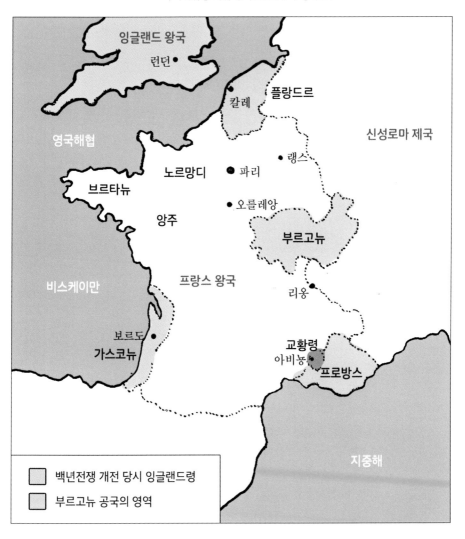

|백년전쟁 개전 당시(1336년)의 정세도|

4.

　백년전쟁의 본격적인 전투는 잉글랜드가 프랑스에 선전포고한 지 10년 후인 1345년에 벌어졌다. 그해에 양국은 백년전쟁 전반부에서 가장 중요한 전기轉機가 되는 크레시 전투Battle of Crécy에서 격돌했다. 이때 잉글랜드군은 수적 열세뿐만 아니라 질적 열세까지 끌어안고 싸웠다. 수적으로는 프랑스군이 대략 30,000~40,000명이었던 데 비해 잉글랜드군은 고작 12,000명에 불과했다. 질적으로도 기사들을 중심으로 한 프랑스군과는 달리 잉글랜드군은 농민과 사냥꾼이 주력이었다. 이는 쉽게 말하면 직업군인과 일반 사병과의 싸움과 같았다. 하지만 결과는 예상 밖으로 프랑스의 참패와 잉글랜드의 대승으로 끝났다. 잉글랜드가 승리한 비결은 장궁대長弓隊에 있었다. 본래 웨일스 지방의 사냥꾼들이 사용하던 장궁은 기존의 석궁石弓과는 달리 무장한 기사에게 치명상을 입힐 수 있는 신무기였다. '궁병弓兵은 무장기사武裝騎士에게 피해를 입힐 수 없다.'라는 기존 전술만 믿고 무작정 달려들던 프랑스 기사들은 잉글랜드 장궁대의 집단사격에 박살이 났다.

　크레시 대첩의 여세를 몰아 잉글랜드군은 1347년, 도버 해협에 면한 항만도시 칼레Calais까지 함락시켰다. 이렇게 손쉽게 연전연승을 거두자 어느샌가 에드워드 3세의 마음이 바뀌기 시작했다. '말 타면 경마 잡히고 싶다'듯이 옛날 필리프 2세에게 빼앗겼던 선조들의 땅이 생각난 것이다. 프랑스는 가스코뉴를 탐내다가 그와 비교도 안 되는 광대한 영지를 빼앗길 위기로 내몰렸다. 그런데 백년전쟁을 일으킨 장본인 필리프 6세가 1350년 세상을 뜨면서 프랑스는 설상가상雪上加霜의 처지로 내몰렸다. 지금까지의 영악하고 현실적인 프랑스 왕이어도 힘들 판인 이 중요한 시기에 하필이면 장 2세Jean Ⅱ(재위: 1350~1364년)가 아버지의 뒤를 이은 것이다. 그에게 '하필이면'이란 수식어를 쓴 데에는 그만한 이유가 있었다. 시대착오적인 기사도 정신에 심취한 새로운 왕은 너무나 현실과 동떨어진 인물이었다.

116년 동안 지속된 백년전쟁이었지만, 그 기간 내내 계속 싸운 것은 아니었다. 재정상황이 악화됐거나 전염병이 퍼졌을 경우 등에는 싸움을 멈추거나 일정 기간 휴전협정을 맺기도 했다. 1346년 크레시 전투에서 승기를 잡은 잉글랜드가 그 여세를 몰지 않고 10년 후에나 전쟁을 재개한 것은 그동안 페스트가 창궐했기 때문이었다. 1356년, 에드워드 3세의 아들 흑태자 에드워드Edward of Black Prince는 푸아티에 전투Battle of Poitiers에서 다시 한번 프랑스군을 격파했다. 프랑스군은 10년 전 크레시 참패에서 얻은 교훈이 아무것도 없었다. 그때와 마찬가지로 명령체계를 무시하고 제멋대로 돌격해 온 프랑스 기사들을 확고한 명령체계 아래 움직인 평민 출신의 장궁대가 박살 냈다. 여기에 더하여 잉글랜드군은 엄청난 노획물을 얻었으니, 장 2세를 포로로 잡은 것이다. 프랑스 역사에서는 적의 포로로 잡힌 세 명의 왕이 있다. 장 2세와 앞으로 이야기할 프랑수아 1세, 그리고 나폴레옹 3세가 그들이다. 장 2세는 그들 중 첫 번째 치욕의 왕이 된 셈이다.

흑태자 에드워드의 연이은 공격에 더 이상 버티기 힘들었던 프랑스는 화의를 청했다. 1360년, 프랑스 왕이 잉글랜드의 포로가 된 상태에서 프랑스 대표단은 잉글랜드와 브레티니-칼레 조약Treaty of Bretiny-

Calais을 맺었다. 당연히 프랑스에 일방적으로 불리한 조약 내용은 다음과 같았다. 첫째, 아키텐 지방과 칼레시는 물론, 옛 앙주 백작령에 해당하는 푸아티에 일대도 잉글랜드에게 할양한다. 둘째, 장 2세의 몸값으로 300만 크라운을 지불한다. 셋째, 이후로 잉글랜드 왕은 프랑스 왕위에 대한 청구권을 포기하고, 프랑스 왕은 프랑스 내에 잉글랜드 왕의 소유인 영지에 대한 종주권을 포기한다. 먼저 싸움을 걸었던 프랑스는 이 조약으로 폭삭 망했다. 가스코뉴는커녕 필리프 2세가 온갖 욕을 들어가며 플랜태저넷가家로부터 탈취했던 영지를 도로 다 잃어버린 것이다. 할양한 영토는 말할 것도 없고 장 2세의 몸값 또한 천문학적인 액수였다. 300만 크라운이란 금액은 당시 프랑스의 2년 치 총 국가 수익금 규모였다고 한다. 그런데 여기서 국왕 장 2세의 희한한 기사도가 나온다. 당장에 몸값 마련을 할 수 없었던 프랑스 왕은 기사도 정신을 발휘하여 자기 발로 런던으로 건너가 인질이 된 것이다. 글쎄, 중세 기사도의 낭만을 보는 듯도 하지만, 왠지 국왕, 특히 프랑스 왕에게는 어울리지 않는 느낌이 드는 대목이다. 서로를 존중할 때 기사도의 의미가 있는 것이지, 온 국토를 분탕질한 상대에게 '나 홀로 기사도'를 지켰던 장 2세는 프랑스판 돈키호테Don Quixote가 아니었을까? 장 2세는 몇 달 뒤에 런던에서 병사病死했는데, '선량왕le Bel'이란 그의 별칭이 재미있다. 프랑스인들에게 선정을 베풀어 '선량왕'이 아니라, 잉글랜드인들에게 쓸데없는 약속을 지켜 '선량왕'이라 했다니 말이다.

돌이켜보면 백년전쟁의 단초端初는 프랑스 왕 필리프 6세에게 있었다. 무리하게 왕위에 오른 그는 즉위 초부터 정통성 문제로 골머리를 앓았다. 그에게 반란을 일으켰다 잉글랜드로 망명한 이복동생 아르투아 백작 로베르Robert가 그 대표적인 사례다. 그는 잉글랜드 왕실 연회

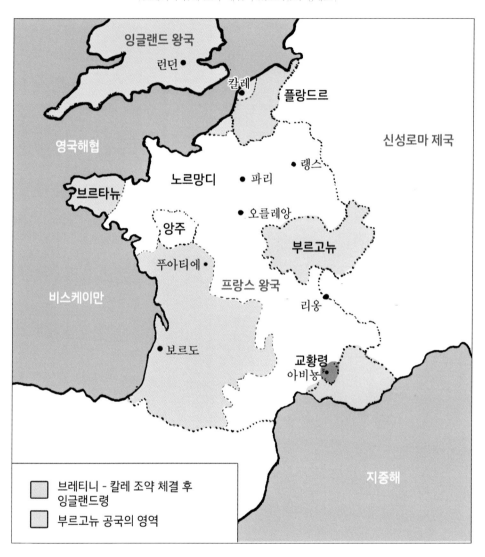

장에서 프랑스의 도발에 고민하던 에드워드 3세를 충동질했다. "당연
히 프랑스 왕이 되었어야 할 분이 얼토당토않은 법 때문에 왕좌를 빼
앗겼는데도 한가하게 연회나 즐기다니 겁쟁이가 아니고 뭐냐?"라며 쏘

아붙인 것이다. 잉글랜드 왕이 개전의 결심을 굳힌 데에는 아르투아 백작의 도발적인 비아냥거림이 큰 몫을 했다고 한다. 이렇듯 안팎으로 자신의 권위에 도전하는 사람들 때문에 필리프 6세는 불안했을 것이다. 정통성이 결여된 최고 통치자가 불안감을 느끼면 정통성을 확보하려고 서두르게 된다. 충분한 준비 없이 서두르다 보면 무리수를 두게되고, 대책 없는 무리수는 돌이킬 수 없는 환란을 초래한다. 필리프 6세가 왕위에 오르자마자 필요 이상으로 잉글랜드를 도발한 정황을 보면 이 공식이 딱 들어맞는 것 같다. 필리프 6세는 1350년 전쟁 도중에 죽어버렸다. 본인이야 죽고 나면 그만일지언정, 프랑스는 절대 그렇지 않았다. 앞으로 프랑스는 이 전쟁 때문에 국가 존망의 기로에 서게 된다. 정통성이 결여된 최고 통치자가 얼마나 위험한지를 보여주는 대표적인 사례를 우리는 필리프 6세에게서 볼 수 있다.

5.

　개전 이래 참패를 거듭한 프랑스에 처음으로 승리를 안겨준 왕은 장 2세의 뒤를 이은 샤를 5세Charles V(재위: 1364~1380년)였다. 1364년, 브레티니-칼레 조약으로 국토의 1/3을 상실한 프랑스를 떠맡은 샤를 5세는 왕태자 때부터 수많은 정치적 위기를 헤쳐 왔다. 잉글랜드가 장 2세를 풀어주는 대가로 요구한 막대한 몸값과 영토 분할 안을 부왕인 장 2세는 찬성했지만, 아들인 샤를은 반대했다. 이 때문에 나중에 아버지로부터 미움은 샀지만, 아무튼 샤를 5세가 장 2세를 닮지 않은 게 프랑스에게는 행운이었다. 왕이 된 후 샤를 5세는 착실히 내정을 다지는 한편, 아키텐의 귀족들을 회유하여 잉글랜드에 반항하도록 부추겼다. 이 때문에 양국 관계가 악화되어 1369년 잉글랜드가 다시 프랑스로 쳐들어왔으나, 이번에는 프랑스에 패배하고 말았다. 이처럼 샤를 5세 재위 중에는 잉글랜드에게 승리를 거둠으로써 브레티니-칼레 조약으로 할양했던 영토의 상당 부분을 탈환할 수 있었다. 이와 같이 초반에 만신창이 된 프랑스였지만 샤를 5세 치하에서 회생의 기미가 보이기 시작했다. 하지만 1380년, 샤를 5세가 세상을 뜨면서 프랑스의 운명은 다시 벼랑으로 내몰린다. 정신이 오락가락하는 샤를 6세 치세 하에서 내분까지 겹친 프랑스는 최강의 잉글랜드 왕 헨리 5세를 상대해야 했다.

　1415년, 헨리 5세가 이끄는 잉글랜드군은 노르망디에 상륙한 후 칼레Calais로 북진하기 시작했다. 프랑스군도 이에 맞서 칼레 남쪽에 위치한 아쟁쿠르Agincourt에 진을 쳤다. 그리고 그해 10월 26일, 20,000

명의 프랑스군과 6,000명의 잉글랜드군이 아쟁쿠르에서 맞붙었다. 일명 '아쟁쿠르 전투Battle of Agincourt'였는데, 전투과정이나 결과는 언제나 똑같았다. 우수한 전술로 몰아붙인 잉글랜드군이 전통적인 방식대로 중무장한 기사들을 앞세운 프랑스군을 섬멸한 것이다. 아쟁쿠르 전투는 크레시 전투와 푸아티에 전투의 재판再版이었다. 이제 프랑스는 더 이상 헨리 5세를 막을 힘이 없었다. 1417년, 노르망디를 점령한 헨리 5세는 그 여세를 몰아 프랑스의 심장인 일드프랑스Ile de France 지방까지 위협하고 나섰다.

그런데 이런 화급한 상황에서도 프랑스는 내분으로 허덕였다. 연이은 패전에 지금까지 싸우던 두 당파가 정신이 드나 했더니, 1419년 이번에는 아르마냐크파가 부르고뉴 공작을 살해하면서 파국의 길로 접어든다. 카페 왕조 치세 하에 독립영지로 있었던 부르고뉴 공국은 1361년, 후계자가 단절되면서 왕실 직영지로 병합되었다. 당시 국왕인 선량왕 장 2세는 그로부터 2년 뒤인 1363년, 부르고뉴 공국을 막내아들인 필리프에게 주었다. 따라서 따지고 보면 프랑스 왕가王家와 부르고뉴 공가公家는 사촌지간인 셈이었다. 이후 플랑드르 공작의 외동딸과 결혼한 부르고뉴 공작 필리프는 1384년 장인이 죽자 플랑드르와 프랑슈 콩테Franche-Comté 등지를 상속받았다. 그 결과 부르고뉴는 프랑스 왕국 내에서 가장 강력한 공국이 되었다. 그런데 문제는 중심을 잡아야 할 프랑스 왕실이 샤를 6세의 정신병으로 흔들렸다는 데에 있었다. 부르고뉴파에 위협을 느낀 아르마냐크파가 왕실을 끼고 견제에 나서면서 두 당파의 싸움이 치열해진 것이다. 프랑스 왕실을 아르마냐크파에게 빼앗기고 필리프 공작마저 암살당하자 위기의식을 느낀 부르고뉴 공국은 잉글랜드와 동맹을 맺었다. 사실 부르고뉴파의 이해관계는 아르마냐크파의 그것과 달랐다. 영지인 플랑드르를 지키기 위해서라도 부르고뉴파는 아르마냐크파처럼 잉글랜드에게 무조건 강경하게 나갈 수 없었다.

|부르고뉴 공국의 영역(1384년경)|

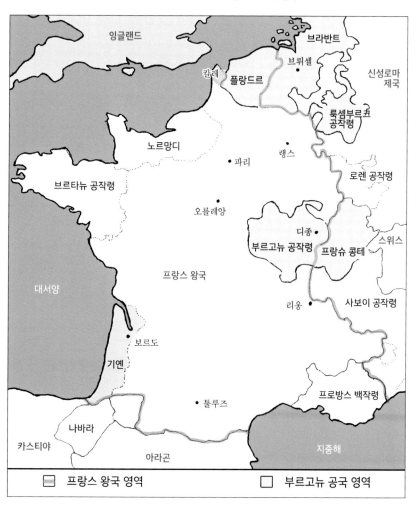

✦ 부르고뉴Bourgogne 공국의 수도 디종Dijon에서

부르고뉴Bourgogne란 지명은 게르만족의 일파인 부르군트족Burgundian에서 기원한다. 원 거주지가 스칸디나비아반도였던 부르군트족은 413년 지금의 남동프랑스 지역에 최초의 부르군트 왕국을 건설했다. 하지만 이 왕국은 훈족의 공격으로 곧 멸망했다. 게르만족의 서사시 〈니벨룽겐의 노래Nibelungenlied〉는 이때를 시대적 배경으로 한 것이다. 이후 로마 제국의 혼란을 틈타 부르군트족은 지금의 프랑스 동남부에서 이탈리아 서북부까지 이르는 사부아Savoie 지역에 두 번째 왕국을 세웠다. 앞에서 클로비스가 정벌하려다 실패한 부르군트족이 바로 이들이었는데, 이 왕국은 결국 클로비스의 아들 대인 534년 프랑크 왕국에 정복당하여 프랑크 왕국 내의 부르군트 공국이 되었다. 프랑크 왕국을 거쳐 프랑스 왕국 내에서 부르군트 공국, 즉 부르고뉴 공국은 1361년 왕실 직영지로 병합되기 전까지 독립영지로 남아있었다.

디종Dijon은 옛 부르고뉴 공국의 수도로 파리 남동쪽 300㎞ 지점에 있다. 부르고뉴 공국 시절에 디종은 예술과 교육 분야에서 유럽의 중심지 중 하나였다고 한다. 디종의 가장 큰 특색은 건축물에서 볼 수 있다. 구시가지 입구에 서 있는 기욤 문Porte Guillaume을 지나면 프랑스의 어느 도시에서도 볼 수 없는 디종만의 독특한 건물들이 보인다. 시내에는 붉은색, 초록색, 노란색, 검은색을 섞어 기하학적인 무늬로 장식된 지붕이 돋보이는 성당과 저택들이 곳곳에 있다. '부르고뉴 채색지붕Burgundian polychrome roofs'이라 부르는 이런 양식은 부다페스트나 프라하, 빈 등 동유럽 국가에서는 봤지만 서유럽 국가에서는 디종이 처음이다. 특히 디종의 인근도시인 본느Beaune에는 대표적인 '부르고뉴 채색지붕양식'의 건물이 있다. '신의 처소'란 뜻의 '오텔 디외Hotel Dieu'라 불리는 본느 병원Hospices de Beaune인데, 1442년 부르고뉴 공국의 재상이 설립한 이 자선건물의 지붕은 현란하다 못해 환상적이기까지 하다.

여느 왕궁 부럽지 않을 부르고뉴 대공 궁전Palais des Ducs은 옛 부르고뉴 공국의 영화를 말해준다. 앞으로 반원형의 드넓은 광장이 펼쳐져 있는 대공 궁전은 두 날개를 좌우로 한껏 펼친 모습이다. 대공 궁전 한쪽 날개에는 시청사가 있고, 반대쪽 날개엔 박물관Musée des Beaux-Arts de Dijon이 들어서 있다. 카페 왕조 시대 건축양식으로는 드물게 남아있는 건물 중 하나라는 대공 궁전에는 높은 탑 하나가 우뚝 서 있다. 가이드

화려한 채색지붕의 본느 병원

투어로만 입장이 가능한 탑에 오르면 채색지붕으로 장식된 건물들이 산재되어있는 디종 시내가 한눈에 들어온다. 그중에 압권은 디종 대성당 Cathédrale Saint-Bénigne de Dijon의 높은 채색지붕이다.

대부분의 프랑스 성당이 그렇듯이 디종 대성당 안에도 백합 문양의 갑옷을 입은 잔 다르크의 동상이 있다. 잔 다르크를 잉글랜드로 넘긴 사람들의 본고장에서도 그녀를 성인으로 모시는 모습이 우스워도 보이지만, 그런 시각 자체가 각주구검刻舟求劍 식 역사해석일 뿐이다. 당시 부르고뉴 공국은 프랑스 왕국을 배신하고 잉글랜드 왕국 쪽을 편든 매국노는 아니었다. 물론 '같은 값이면 다홍치마'라고 부르고뉴 공국은 잉글랜드 왕실보다 프랑스 왕실에게 더 동질감을 느꼈을 것이다. 하지만 그건 프랑스 왕국과 부르고뉴 공국과의 관계가 좋을 때였지, 아르마냐크파가 장악한 프랑스 왕국이 자신을 죽이려 할 때는 이야기가 달라질 수밖에 없었다. 독립공국으로서의 부르고뉴 공국을 지키기

부르고뉴 대공 궁전

위해서는 프랑스든 잉글랜드든 자신에게 유리한 상대방을 선택할 수 있었고, 또한 당시에는 그 행위 자체가 지탄의 대상은 아니었다.

여담이지만 프랑스를 여행하면서 제일 많이 대하는 동상은 단연 잔 다르크의 동상이다. 자료에 의하면 1870년 프로이센-프랑스 전쟁의 패전 이후 애국심을 고취하기 위하여 전 프랑스 및 프랑스령 식민지에 세워진 잔 다르크의 동상의 수가 2만 기에 가까웠다고 한다. 이탈리아의 경우는 같은 이탈리아 통일의 주역이라 해도 비토리오 에마누엘레 2세(이탈리아어: Vittorio Emanuele II)보다는 가리발디Garibaldi의 동상을 가장 많이 볼 수 있다. 그렇다면 독일의 경우도 독일 통일의 주역인 빌헬름 1세Wilhelm I나 비스마르크Bismarck의 동상이 제일 많을까? 의외로 이들의 동상은 베를린을 중심으로 한 브란덴부르크 지역과 예전 프로이센의 영토였던 일부 서부 독일지역에서나 볼 수 있다. 그 밖의 지역에서는 지방분권이 강했던 나라답게 각 지방의 통치자들의 동상이 있을 뿐, 빌헬름 1세나 비스마르크의 동상은 그림자도 찾아보기 힘들다. 독일은 이런 정치인들 대신에 괴테Goethe와 실러Schiller로 대표되는 문인들의 동상이 제일 많다는 점이 신선해 보인다.

잉글랜드와 동맹을 맺은 부르고뉴 공국이 파리를 점령하자, 신변에 위협을 느낀 왕태자 샤를은 파리를 탈출했다. 1420년, 부르고뉴파의 종용 하에 프랑스는 굴욕적인 트루아 조약Treaty of Troyes에 서명해야 했다. 조약의 내용은 한 마디로 프랑스 왕국의 사멸死滅이었다. 첫째, 잉글랜드 왕 헨리 5세는 프랑스 왕녀 캐서린과 결혼한다. 둘째, 왕녀는 지참금으로 '백합꽃의 왕국', 즉 프랑스를 가져온다. 셋째, 잉글랜드 왕은 샤를 6세의 섭정이 되며, 왕이 죽으면 계승권을 가진다. 트루아 조약이 체결될 당시 헨리 5세는 서른네 살의 한창나이였기에 장차 프랑스는 영락없이 잉글랜드의 수중으로 들어올 터였다. 하지만 프랑스의 국운이 다하지 않았던지 정말 이상한 일이 벌어졌다. 멀쩡하던 헨리 5세가 그로부터 2년 뒤인 1422년, 맥없이 죽어버린 것이다. 그것도 이제 겨우 한 살도 안 된 갓난 아들만 남긴 채 말이다.

같은 해인 1422년, 헨리 5세가 죽은 지 두 달 만에 샤를 6세도 파란만장했던 삶을 접었다. 당연히 잉글랜드는 트루아 조약을 내세워 한 살배기 헨리 6세를 잉글랜드와 프랑스의 왕으로 선포했다. 이에 반발하여 시농성Chateau de Chinon으로 피신한 왕태자 샤를은 자신이야말로 적법한 프랑스 왕이라며 스스로 샤를 7세Charles Ⅶ(재위: 1422~1461년)가 되었다. 하지만 잉글랜드는 기발한 흑색선전으로 샤를 7세의 기를 꺾었다. 잉글랜드는 평소 뭇 남자들과의 관계가 문란했던 샤를의 모후를 이용했다. 샤를의 모후와 시동생인 오를레앙 공작이 불륜관계이며, 샤를 7세가 샤를 6세의 친아들이 아니라고 흑색선전을 펼친 것이다. 예나 지금이나 흑색선전은 그 진위를 떠나 자극적인 내용만으로도 세간의 관심을 끌게 마련이다. 졸지에 아버지가 프랑스 왕에서 오를레앙 공작으로 바뀌어버린 샤를 7세는 마음만 분할 뿐이었다. 그런 샤를 7세에게 더 나쁜 일은 랭스Reims가 잉글랜드의 동맹인 부르고뉴 공국의 수중에 있다는 사실이었다. 클로비스 이래 역대 프랑스 왕들이 대관식을 거행했던 랭스 대성당이 적에게 점령당했으니, 대관식을 올릴 수 없는 샤를 7세는 정식 왕으로 인정받을 수 없었다.

1428년, 헨리 5세가 죽은 후에도 여전히 사기가 높은 잉글랜드군은 계속 남진하여 마지막 남은 프랑스의 명줄을 끊으려 했다. 루아르강 북쪽에 위치한 오를레앙Orléans을 포위 공격하기 시작한 것이다. 오를레앙은 샤를 7세를 지지하는 아르마냐크파의 마지막 남은 요충지였다. 오를레앙이 함락되면 샤를 7세가 도피해 있는 시농성은 그야말로 바람 앞에 등불이었다. 잉글랜드군의 포위 공격에 맞서 오를레앙은 1년 넘게 버텼지만 전세는 갈수록 절망적이었다. 적군에게 반격을 가할 어떠한 계기도 찾지 못한 채 오를레앙은 하루하루를 버텨갈 뿐이었다. 조만간 오를레앙이 함락되면 프랑스도 함께 스러질 운명이라며 모두가 체념할 즈음에 도저히 믿을 수 없는 초자연 현상이 일어났다.

6.

필자는 지금까지 역사를 써왔지만 이 부분에서는 돌연 신화를 쓰는 느낌이 든다. 하지만 우리가 모르는 부분은 놔두고 기왕에 일어났던 초자연 현상을 따라가 보자. 1412년, 알자스-로렌 지방의 동레미Dom-rémy란 시골마을에서 한 농부가 네 번째 딸을 얻었다. 특별할 것도 없는 농부의 딸은 그 당시 모두가 그랬듯이 교육이라곤 받아본 적이 없는 문맹文盲이었다. 그저 평범하게 가사를 도우며 살아가던 시골 소녀는 열세 살이 되던 1425년 어느 날, "프랑스를 구하라"는 하느님의 목소리를 들었다. 너무 혼란스러웠던 소녀는 처음엔 그 이상한 소리로부터 벗어나려 애썼지만, 하느님의 목소리는 계속 이어졌다. 그렇게 3년을 버틴 끝에 이제 열여섯 살이 된 소녀는 마침내 하느님의 부르심에 따르기로 결심했다. 소녀의 이름은 다름 아닌 잔 다르크Jeanne d'Arc였다. 1428년, 잔Jeanne은 그 지방 영주에게 찾아가 시농성에 도피해 있는 왕태자를 뵙게 해달라고 요청했다. 신의 계시를 받았다는 잔의 말에 영주는 처음엔 그녀가 마녀라는 의심이 들어 거절했다. 하지만 잔의 끈질긴 요청과 함께 부하 기사들이 그녀를 옹호하자 영주는 마음을 바꿔 먹었다. 샤를에게 잔을 한번 만나보라고 추천한 것이다.

혹시나 하는 마음에 영주의 청을 받아들였지만 샤를은 역시 현실적인 프랑스 왕의 후손이었다. 도무지 잔을 믿을 수 없었던 샤를은 처음 만나는 자리에서 신의 계시를 받았다는 처녀를 시험했다. 시종에게 화려한 옷을 입혀 자기 자리에 앉히고는 자신은 사람들 틈에 숨어버린 것이다. 하지만 가짜 왕을 한눈에 알아차린 잔은 곧바로 그를 외면

하고는 샤를을 찾아 다가가 예를 갖추었다고 한다. 그래도 반신반의한 샤를은 잔을 푸아티에로 보내서 성직자들의 심문을 받게 했다. 잔이 성직자들의 심문을 통과하자 그제야 샤를은 그녀에게 기사들과 병사들을 딸려준 뒤 오를레앙을 구하라고 명하였다. 잔 다르크의 신화는 이렇게 시작되었다.

오를레앙으로 출발하기 전부터 잔에게는 기적이 일어났다. 성당 제단 밑에 앞으로 자신이 사용할 검이 묻혀있다는 계시를 받았다기에 파보았더니 진짜 거기에 검이 있었단다. 오랫동안 묻혀있어 녹이 슬대로 슨 검이었지만, 한 번 닦아내자마자 새 검이 되었다니 어떻게 설명해야 할지 모르겠다. 오를레앙에 입성할 때에도 이런 유類의 기적은 계속되었다. 배를 타고 루아르강을 건너 오를레앙성으로 들어가려 할 때 맞바람이 부는 통에 군사들이 어쩔 줄 몰라 했다. 이때 잔이 기도를 올리자 바람의 방향이 바뀌어 무사히 루아르강을 건널 수 있었단다. 이 대목은 흡사 제갈량諸葛亮이 제단을 쌓아 동남풍을 빌었다는 삼국지의 고사를 연상시킨다. 아무튼 상식적으로는 도저히 불가능한 상황을 극복하고 오를레앙성으로 들어간 잔을 처음 본 오를레앙 성주의 심정은 어땠을까? 1년 넘는 악전고투 끝에 드디어 지원군이 왔다는 기쁨보다는, 프랑스에 이렇게나 사람이 없었던가 하는 절망감이 더 컸을 것 같다. 뛸 듯이 반기며 맞이해도 모자랄 판에 거꾸로 잔을 홀대했다니 말이다. 하지만 세상엔 상식으로는 설명할 수 없는 그 무언가가 있다는 것을 오를레앙 성주도 몰랐으리라.

✦ 잔 다르크의 도시 오를레앙Orléans에서

파리에서 남서쪽으로 130㎞가량 떨어져 있는 오를레앙Orléans은 그야말로 잔 다르크의 도시다. 유서 깊은 도시답지 않게 유리와 철구조로 지은 최신식 기차역은 자신만의 개성을 한껏 뽐낸다. 이제는 기차역 건물만 봐도 여기가 독일인지, 아니면 프랑스인지 짐작할 수 있다. 독일의 기차역들은 튼튼하고 실용적이지만 멋은 없는 천편일률적인 모양의 건물들이다. 예외라면 새로 지은 베를린 중앙역 정도가 독특하달까? 그에 비하여 프랑스의 기차역들은 제각각 서로 다른 모양이어서 이들을 한데 모아놓으면 훌륭한 건축박람회가 될 것 같다.

잔 다르크의 도시인 오를레앙엔 곳곳에 그녀의 흔적이 남아있다. 시내에서 제일 넓은 마르트루아 광장Place du Martroi 한복판에는 잔 다르

마르트루아 광장의 잔 다르크 동상

크의 동상이 당당히 서 있다. 동상 좌대엔 출정에서부터 오를레앙 공방전, 랭스 대관식을 거쳐 화형을 당하기까지 잔 다르크의 일생을 그린 동판이 사면에 부조되어있다.

잔 다르크 대로Rue Jeanne d'Arc 한쪽 끝에는 그녀가 잠시 머물렀던 잔 다르크의 집Maison de Jeanne d'Arc이 있고, 반대편 끝에는 생 크루아 Saint-Croix 대성당이 우뚝 서 있다. 대성당 안의 창문들 또한 잔 다르크의 일생을 그린 모자이크화로 장식되어 있다. 오를레앙은 지금도 잔 다르크가 오를레앙을 해방시킨 공적을 기리기 위하여 매년 5월 7, 8일에 성대한 축제를 연다고 한다. 필자는 축제가 끝난 지 일주일 뒤에 오를레앙에 갔었는데, 그때까지도 잔 다르크 대로변과 생 크루아 대성당 안에는 각양각색의 문장을 새긴 깃발들이 숲을 이루고 있었다.

잔 다르크에 관한 자료만 모아 전시하는 박물관Musée des Beaux-Arts 도 있지만 오를레앙의 가장 인상적인 박물관은 구舊 시청사 안에 있

잔 다르크 대로에서 본 생 크루아Saint-Croix 대성당

다. 붉은색 벽돌에 격자형 검은 줄을 넣어 아기자기하게 예쁜 박물관 정면에는 두 손을 칼자루에 모아 쥐고 기도하는 잔 다르크의 동상이 서 있다. 잉글랜드군에게 대승을 거둔 파타이 전투Battle of Patay를 끝낸 잔 다르크를 새긴 이 동상은 제2차 세계대전 때 총탄 세례를 받아 여기저기 구멍이 뚫려있었다.

박물관 안으로 들어서니 직원이 정말 상큼하게 방문객을 맞아준다. 입장료도 받지 않으면서 더할 나위 없이 친절하고 마음 편하게 해준다. 최소한의 규칙만 지키면 박물관 내부를 마음대로 둘러볼 수 있고, 사진도 자유롭게 찍을 수 있다. 이런 프랑스식 자유를 대하면서 문득 독일 마인츠Mainz의 박물관이 생각났다. 선제후 궁전을 개조한 마인츠의 로만-게르만 박물관에서의 일이었다. 거창한 이름과는 달리 전시품 대부분이 복제품으로 채워져 있는 박물관이었지만, 입구 벽에 붙어있는 게르만족의 이동경로를 일목요연하게 표시한 지도는 일품이었다. 3

구舊 시청사 박물관 안에 서있는 잔 다르크 동상

세기경 유럽 각 지역의 지명이 들어가 있는 좋은 자료였기에 사진 한 장 찍었더니 아니나 다를까 박물관 직원이 사진 촬영금지라며 말린다. 아니, 전시품도 아니고 설명 자료에 불과한데도 '닥치고 금지'라니 할 말이 없었다. 그런 독일에 비해 프랑스나 이탈리아에서는 프레스코화와 같이 빛에 민감한 전시품만 아니라면 대부분 사진촬영이 허용된다. 다 그런 건 아니지만 독일의 일부 지방 박물관에 들어가면 은연중에 부담감이 생긴다. 전시실마다 지키고 서 있는 직원들에게 감시당하는 느낌이 들기 때문이다. 심한 경우엔 박물관 직원이 백화점 직원처럼 관람객을 졸졸 따라다니는 곳도 있었다.

7.

스포츠 같은 승부의 세계에서 살아남기 위한 가장 중요한 요인은 자신감이라고 한다. 설령 비슷한 실력이라 해도 몇 번 져버린 상대에게는 아무리 마음을 다져도 그 기세를 끊기가 참 어렵다 한다. 스포츠가 그럴진대, 하물며 전쟁은 오죽하겠는가? 프랑스군이 안고 있던 진짜 문제는 자신감 부족이었다. 아쟁쿠르의 참패 이후로 프랑스군은 이미 심리적으로도 잉글랜드군을 이길 수 없었다. 프랑스군 100명이 잉글랜드군 20명만 보아도 지레 겁을 먹고 도망친다는 어느 프랑스 귀족의 한탄은 당시 프랑스군의 사기가 얼마나 떨어졌는지를 보여준다. 그런 프랑스군을 일으켜 세워 적에게 등을 보이지 않고 싸우게 만든 사람이 바로 잔 다르크였다. 신은 정말 열일곱 살밖에 안 된 일자무식一字無識의 시골 소녀를 돕고 계신 것일까? 어떠한 실전 경험도 없었고, 어떠한 교육도 받아본 적이 없는 그녀가 단 1년 만에 풍전등화와 같던 프랑스를 거짓말같이 회생시켜 놓았으니 말이다. 그렇다면 신은 왜 프랑스 편을 드셨을까? 어차피 잉글랜드의 신이나 프랑스의 신이나 다 같은 신이 아니었던가? 신께서도 약자에 대한 동정심이 생기신 걸까? 이런 신에 대한 영역은 놔두고, 여기서는 우리가 생각할 수 있는 분야만 따져보자.

객관적인 전력의 열세에도 불구하고 크레시Crécy, 푸아티에Poitiers, 아쟁쿠르Agincourt로 이어지는 전투에서 잉글랜드가 프랑스에 압승한 요인은 탄탄한 조직력을 바탕으로 장궁대長弓隊를 앞세운 새로운 전술의 도입이었다. 이에 반해 프랑스는 매번 패하면서도 중세 이래로 명성을 떨쳐온 중기병重騎兵Heavy Cavalry 전술을 고수할 수밖에 없는 이유가 있었다. 첫째, 기사가 처음 출현한 곳이 프랑스였던 만큼 오랫동안 유지해온 기병 양성 체제를 포기하기 힘들었다. 둘째, 당시 전문적인 직업군인들인 기사들의 밥줄 때문에도 기사 중심의 전술을 버릴 수도 없었다. 하지만 프랑스군이 '그냥 닥치고 돌격하는 식'의 기사 중심 전술에 매달리는 한 새로운 전술로 무장한 잉글랜드군에게 판판이 깨질 것은 너무나 당연한 일이었다. 이제 프랑스군은 무언가 새로운 전술이 절실히 필요했다.

이런 점에서 볼 때 지금까지 잉글랜드가 '장궁'이란 신무기로 승승장구했다면, 프랑스는 '성녀의 신화'란 신앙으로 뒤집기를 꾀한 게 아닐까? 어쨌든 중세는 기독교가 지배하는 세계였다. 그런데 어느 날 갑자기 하느님의 계시를 받아 프랑스군을 지휘한다는 성녀가 나타나자 분위기가 바뀌었다. 하느님이 편을 들어주니 프랑스군의 사기는 당연히 올라갈 것이요, 반대로 잉글랜드군은 무언가 찜찜하지 않았겠는가? 전쟁에서 제일 중요한 요소인 사기士氣가 역전되면서, 마침 프랑스가 연패의 고리를 끊고 승리하자 전세 또한 역전되기 시작했다. 여기에 더하여 '열정적인 신앙'이란 비정형적 요인도 승패에 큰 영향을 미치게 되었다. 전쟁이란 상대가 있는 법이다. 서로 상대방의 전략과 전술을 예측하여 어떻게 대응할지를 두고 치열한 두뇌 싸움을 벌이는 것이 전쟁이다. 하지만 잉글랜드는 잔 다르크의 움직임을 예측할 수 없었다. 정상적인 상황이라면 분명 이러이러한 공세가 예상됨에도 불구하고, 잔 다르크는 번번이 예상 밖의 군사행동을 취함으로써 잉글랜드의 허점을 찔렀다. 하느님의 계시를 받아 행동하는 그녀를 정상적인 전략이나 전술이란 잣대로 재었으니 맞을 리 있겠는가. 우리는 그 대표적인 예를 랭스 탈환전에서 볼 수 있다.

잔 다르크가 오를레앙에서 뜻밖의 승리를 거두자 잉글랜드군은 프랑스군의 다음 목표가 당연히 파리나 노르망디일 것으로 예상했다. 프랑스군 내부에서도 파리를 최우선 탈환 대상으로 삼은 것은 잉글랜드군의 예상과 같았다. 오를레앙에서 130㎞ 정도밖에 안 되는 가까운 파리를 놔두고, 그보다 두 배나 멀리 떨어져 적군 깊숙한 곳에 있는 랭스를 공격하리라고 누가 예상했겠는가? 하지만 잔에게 이런 정형적인 판단기준은 아무 의미 없었다. 그녀의 최우선 과제는 하느님으로부터 왕의 정통성을 부여받을 수 있는 대관식 거행이었고, 이를 위해서는 무조건 랭스 대성당으로 가야 했다. 1429년 6월, 오를레앙 북쪽 근교인 파타이Patay에서 잉글랜드군과 프랑스군이 맞붙었다. 그런데 백년 전쟁이 발발한 이래 프랑스군이 거둔 최대의 승리라는 파타이 전투Battle of Patay의 결과를 보면 어안이 벙벙해진다. 장궁대의 잉글랜드군과 중기병의 프랑스군이 맞붙기는 전과 마찬가지인데, 그 결과는 정반대였기 때문이다. 약 1,500명이 참전한 프랑스군은 100여 명의 전사자를 낸 반면, 약 5,000명이 참전한 잉글랜드군은 그 절반인 2,500명이나 전사했다니 말이다. 지휘자 한 명 바뀌었을 뿐인데 이렇게 차이가 나다니 자신감이라는 게 과연 무섭긴 무서운 모양이다. 파타이 전투의 승전 이후 프랑스군은 파죽지세로 적을 몰아붙여 기어코 랭스를 탈환했다.

8.

1429년 7월 17일, 랭스 대성당에서 샤를 7세의 대관식이 성대하게 거행되었다. 이로써 5년 동안이나 정식 왕 대접을 못 받았던 왕태자 샤를은 비로소 프랑스 국왕으로서의 정통성을 인정받았다. 대관식이 끝나자 잔은 샤를 7세에게 부복한 후 다음과 같이 말했다고 한다. "폐하께서는 이제 프랑스를 다스리는 진정한 국왕이십니다." 그날은 잔에게 가장 기쁜 날이었음이 틀림없었고, 그래서 그녀는 진심으로 샤를 7세에게 축하의 인사를 건넸으리라. 하지만 샤를도 잔과 똑같은 마음이었을까? 돌이켜보면 샤를은 애당초 잔의 기적을 믿지 않았으며, 또 믿고 싶지도 않았다. 샤를이 믿었던 신의 계시란 교황이나 고위 성직자에게 내리는 것이지, 무식한 시골 소녀에게는 가당치도 않은 일이었다. 생각해보면 어느 날 갑자기 하느님의 부르심을 받았다고 주장하는 시골 처녀에 의해 왕으로 선택받은 것도 찜찜했다. 형식적이지만 왕으로서 정통성을 갖추려면 교황의 인정이 필요했는데, 그런 교황의 역할을 시골 처녀가 대신했기 때문이었다. 찬물 더운물 가릴 처지가 아니었을 때는 넘겨버렸지만, 전황이 유리하게 돌아가자 샤를은 잔 다르크가 껄끄러워졌다. 더 근원적인 문제는 두 사람의 기질이 전혀 달랐다는 데 있었다. 역대 프랑스 왕들이 어떤 사람들이었던가? 어느 누구보다도 현실적이며 타산적인 사람들이었고, 샤를도 그 점에서는 선왕先王들에 못지않은 사람이었다. 반면에 잔은 샤를과 정반대 편에 있는 사람이었다. 성녀에게 신의 목소리는 둘일 수 없었다. 오직 하느님의 말씀에 따를 뿐, 현실과의 타협이란 있을 수 없었다. 타협 자체가 신성모독이기 때문이었다. 사정이 이러니 현실주의자인 국왕과 원리주의자인 성녀

사이에 괴리가 생기지 않는다면 오히려 이상한 일이었다.

국왕과 성녀 사이의 불화는 랭스 대관식 이후부터 수면 위로 올라왔다. 샤를은 앞뒤 가리지 않고 파리로 진격하자는 잔의 의견에 반대했다. 그렇게 우격다짐으로 잉글랜드와 부르고뉴를 굴복시키기보다는 협상을 통해 해결하는 게 더 유리하다고 본 것이다. 그래도 잔의 공로까지 무시할 순 없었던지 귀족의 칭호와 약간의 봉토를 하사하긴 했지만, 샤를의 마음은 이미 그녀에게서 멀어졌다. 백성들 사이에 성녀의 명성이 갈수록 높아지는 것 또한 샤를의 심기를 불편하게 만들었다. 앞에서 중세 교회가 죽은 성인은 반기지만, 산 성인은 싫어한다고 말한 적이 있다. 성인의 명성이 커질수록 교권의 존재가 희미해지기 때문이다. 그런데 그런 논리는 왕권도 마찬가지였다. 잔 다르크란 성녀에 이끌려 프랑스 왕실을 지지한 영주들과 백성들이 많았기 때문에, 거꾸로 성녀의 말 한마디에 프랑스 왕실이 흔들릴 수도 있었다. 여기에 더하여 잘나가는 신흥세력의 발목을 잡으려는 기득권층은 언제 어디서나 있게 마련이다. 왕실을 중심으로 한 측근들은 샤를의 의혹에 편승하여 잔다르크에 대한 온갖 의혹과 험담을 늘어놓기 시작했다.

랭스의 대관식이 있은 지 채 1년이 안 된 1430년 5월 23일, 휴전 중이던 부르고뉴파가 파리의 북동쪽에 있는 콩피에뉴Compiègne로 쳐들어왔다. 이에 잔 다르크는 약간의 병사만을 이끌고 콩피에뉴 방어에 나섰다. 하지만 이때쯤이면 이미 프랑스 왕의 지원이 모두 끊긴 상태에서 잔은 혼자 싸워야 했다. 그러니 아무리 성녀라 한들 어찌 수많은 적을 홀로 감당할 수 있겠는가? 잔은 결국 부르고뉴파에 사로잡혀 포로가 되고 말았다. 이 과정에서 프랑스 군 측은 잔이 체포되도록 방관하거나 심지어 배신했다는 뒷말까지 나올 정도로 그녀를 방치했다. 잔을 포로로 잡은 부르고뉴파는 관례에 따라 프랑스 왕에게 몸값을 요구했다. 그러나 몸값을 마련하여 허겁지겁 달려와야 할 샤를은 콧방귀도 뀌지 않았다. 현실과 타협할 줄 모르고 강경하기만 한 잔이 그렇지 않아도 버거웠던 샤를은 이참에 부르고뉴파의 손을 빌려 그녀를 제거하고 싶었던 것이다. 이렇게 되자 잔을 죽였다는 비난을 받고 싶지 않았던 부르고뉴파는 그녀를 잉글랜드 측에게 넘겨버렸다.

1431년 5월 30일, 열아홉 살 처녀 잔 다르크는 루앙Rouen에서 화형에 처해졌다. 조국 프랑스를 구하려 떨쳐 일어난 지 3년 만에 벌어진 비극이었다. 잔의 최후는 너무 비참했다. 성녀의 신화에 넌더리가 난 잉글랜드는 잔이 성녀도 마녀도 아닌 그냥 평범한 여자임을 보여주고 싶었다. 그래서 잔이 화형대의 연기와 열기에 질식하자 불을 끄고는 군중들에게 그녀의 알몸을 내보였다. 겨우 1년 만에 빈사상태의 프랑스를 구해낸 영웅의 최후치고는 너무도 비참한 최후였다. 그렇다면 이 지경에 이르도록 프랑스 왕은 도대체 무엇을 했을까? 프랑스를 구했을 뿐만 아니라 자신이 왕이 될 수 있도록 그토록 헌신적으로 보필했던 인물을 이처럼 헌신짝처럼 버려야 했던가? 샤를은 잉글랜드에게 넘어간 잔을 모른 체했다. 당시의 관례대로 포로를 교환하자는 제시도 하지 않았고, 심지어는 잔의 몸값을 모금하는 오를레앙 시민들에게서 그 돈을 몰수해버렸다. 한마디로 샤를은 잉글랜드의 손을 빌려 잔을 없애는 차도살인借刀殺人을 한 셈이었다. 이런 걸 보면 과연 세상에 정의가 있는지 혼란스럽기도 하다. 당연히 잔의 구명운동에 앞장서야 할 프랑스 왕은 왜 그토록 무심했을까?

잔은 샤를 7세가 왕태자 시절에 다음과 같이 말한 적이 있었다. "프랑스 왕국은 왕태자의 것이 아니다. 프랑스 왕국은 주님의 것이며, 다만 주님이 왕에게 맡겼을 뿐이다." 이는 하느님의 계시를 받드는 잔에게는 너무나 당연한 말이겠지만, 샤를 왕태자에게는 부담스러운 말이었다. 그런 식이라면 성녀는 프랑스 왕의 명령에 따르는 사람이 아니라, 오직 하느님의 말씀에 따라 움직이는 사람이지 않은가? 더 나아가 하느님의 말씀을 따르는 성녀에 반할 경우, 프랑스 왕은 왕으로서의 자격이 없다고도 해석할 수 있지 않겠는가? 이보다 샤를이 더 참을 수 없었던 건 잔의 원리주의적인 사고방식이었다. 전투의 승패에 대한 자기실현적 예언에 따라 공세적인 전략만을 고집하는 잔이 지금까지와 같이 계속 성공하란 보장은 없었다. 정치인인 샤를은 현실을 무시한 정치란 있을 수 없다고 믿었다. 하지만 자신이 하느님의 종이라고 믿는 잔은 현실과의 타협 자체가 신성모독이라고 믿었다. 이런 갈등 속에서 샤를은 더 이상 정치적인 가치가 없어진 잔이 필요 없게 되었고, 잔의 비극은 이렇게 잉태되었다. 잔의 비극은 앞에서 말한 프란체스코 성인을 떠올리게 한다. 만약에 성인도 성녀처럼 교황과 황제의 싸움에 직접 뛰어들어 싸움이 끝날 때까지 장수했다면 어땠을까? 아마도 십중팔구 성녀의 운명과 비슷하지 않았을까? 우리는 이 대목에서 원리주의를 고집하는 종교인은 절대로 현실정치에 관여해서는 안 된다는 철칙을 보게 된다.

9.

샤를 7세 또한 살아있는 성인보다는 죽은 성인을 좋아했다. 잉글랜드의 손을 빌려 잔을 처치한 샤를이었지만, 뒤늦게 죽은 성녀의 이름을 팔아 프랑스인들을 결집시켰다. 이와 반대로 잉글랜드는 성녀를 죽였다는 비난 때문에 후폭풍을 맞았다. 동맹인 부르고뉴 공국이 여론에 밀려 떨어져 나간 것이다. 1435년, 프랑스 왕국과 부르고뉴 공국 사이에 아라스 조약Traités d'Arras이 체결되었다. 프랑스 왕은 부르고뉴 공작을 달래려고 무척 공들였다. 몇몇 도시의 영유권을 부르고뉴 공국에 양도했을 뿐만 아니라, 왕에 대한 신종臣從의 예를 평생 면제해 준 것이다. 이에 대한 보답으로 부르고뉴 공국은 잉글랜드와의 동맹관계를 파기했다. 이로써 프랑스는 오랜 내분을 끝내면서 백년전쟁을 승리로 이끌 발판을 마련했다.

1453년, 프랑스 내 잉글랜드의 최대 거점도시인 보르도Bordeaux가 함락되면서 백년전쟁은 사실상 끝났다. 이제 잉글랜드는 도버해협에 면한 칼레Calais를 뺀 프랑스 내의 모든 영토를 상실했다. 그로부터 8년 뒤인 1461년, 백년전쟁을 승리로 이끈 샤를 7세가 죽었다. 프랑스 왕국을 당시 유럽에서 가장 강건한 중앙집권국가로 만들어놓은 샤를 7세였지만, 그의 최후는 좋지 않았다. 아버지의 권력을 탐하는 아들 때문에 샤를 7세는 맘고생이 많았다. 그래서인지 죽기 3년 전부터 세균에 감염되어 고생하더니, 마지막엔 입이 헐어버린 통에 먹지 못해서 결국 굶어 죽었다. 20여 년 전에 비참한 죽임을 당한 잔 다르크가 샤를의 최후를 봤다면 어떤 생각이 들었을까?

1336년 프랑스 왕위계승 문제로 시작된 백년전쟁은 사실 전쟁초기에는 프랑스 내에서 프랑스 귀족들끼리 벌인 내전 성격이 강한 전쟁이었다. 다시 말해 프랑스와 잉글랜드라는 국가 대 국가 간의 전쟁이 아닌 발루아Valois 가문과 플랜태저넷Plantagenet 가문이라는 다 같은 프랑스 귀족가문 간의 싸움에서부터 시작되었다. 따라서 이때는 '프랑스인'이나 '잉글랜드인'이 아닌 '발루아 영주 사람'이나 '플랜태저넷 가문의 아무개'로 불리었다. 하지만 장기간에 걸쳐 전쟁이 계속되자 서로 간에 증오가 쌓이고 처음에는 없던 국민 정체성이 생기게 되었다. 특히 전쟁 기간 내내 프랑스 땅에서만 전쟁이 벌어졌기 때문에 잉글랜드인에 대한 프랑스인의 증오심은 갈수록 커졌다. 전쟁수행과정에서 저지른 잉글랜드군의 프랑스 현지인에 대한 약탈과 학살이 심했기 때문이었다. 프랑스인의 잉글랜드인에 대한 이런 악감정은 먼 훗날 독일 제국을 상대로 양국이 동맹을 맺을 때에도 고스란히 남아있었다. 한편 백년전쟁으로 인해 프랑스의 피해는 말할 수 없이 컸지만, 예상치 못했던 반사이익도 있었다. 전쟁이 계속될수록 승리하기 위해서는 자연스럽게 국왕의 상비군을 강화시켜야 했다. 이러다 보니 강력한 제후들의 힘이 현저히 줄어들며 프랑스 왕은 중앙집권체제를 구축할 수 있었다. 결국 오랫동안 자신의 발목을 잡아 왔던 잉글랜드를 뿌리친 프랑스는 모든 힘이 왕에게 집중되었다. 그렇다면 프랑스 왕은 이렇게 축적된 힘을 어디로 방출해나갔을까?

제2장
정략결혼의 마술사
막시밀리안 1세Maximilian I

"다른 이들은 전쟁하게 하라, 하지만 행복한 오스트리아여! 그대는 결혼하라. 마르스Mars가 다른 나라에 줄 것을, 비너스Venus가 그대에게 주리라."

-막시밀리안 1세Maximilian I

1.

백년전쟁을 끝낸 프랑스가 잉글랜드의 족쇄에서 벗어나 날개를 펼무렵 독일의 사정은 어땠을까? 루돌프 1세Rudolf I 사후 특정 가문이 황제 위를 독점하는 걸 원치 않았던 선제후들은 세습을 허용하지 않고 계속 황제를 교체했다. 이에 합스부르크, 나사우, 룩셈부르크, 비텔스바흐 가문 등이 돌아가면서 제위에 올랐고 어떤 가문도 3대 이상 장기적인 세습에 성공하지 못했다. 그러던 중인 1438년, 150여 년 동안 유력 가문들 사이를 떠돌던 '독일 왕' 직위가 마침내 합스부르크가家의 알브레히트 2세Albrecht Ⅱ(재위: 1438~1439년)에게로 돌아왔다. 실로 오랜만에 되찾은 '독일 왕'과 '신성로마 제국 황제' 직위를 합스부르크 왕가는 신성로마 제국이 해체되는 1806년까지 단 한 차례를 빼고는 계속 독점했다.

루돌프 1세 이후 알브레히트 2세까지의 독일 왕

합스부르크 왕가 **루돌프 1세**Rudolf I(재위:1273~1291년)
나사우　　왕가 **아돌프**Adolf(재위: 1291~1298년)
합스부르크 왕가 **알브레히트 1세**Albrecht I(재위: 1298~1308년)*
룩셈부르크 왕가 **하인리히 7세**Heinrich VII(재위: 1308~1314년)
비텔스바흐 왕가 **루트비히 4세**Ludwig IV(재위: 1314~1347년)
룩셈부르크 왕가 **카를 4세**Karl IV(재위: 1347~1378년)
　　　　　　　벤체슬라스Wenceslaus(재위: 1378~1400년)*
비텔스바흐 왕가 **루페르트**Rupert(재위: 1400~1410년)*
룩셈부르크 왕가 **지기스문트**Sigismund(재위: 1410~1438년)
합스부르크 왕가 **알브레히트 2세**Albrecht Ⅱ(재위: 1438~1439년)*

(주) * 표시는 신성로마 제국 황제 대관을 받지 못한 독일 왕

이와 같이 여러 왕가가 '독일 왕'을 주고받았음은 부족연합체로 출발한 독일이 예나 지금이나 여전히 지방분권이 강하다는 사실을 말해준다. 그렇다면 이렇게 각개약진各個躍進하는 영방들의 집합체인 독일은 백년전쟁 이후 중앙집권으로 힘을 축적한 프랑스에 어떻게 대항할 수 있었을까? 다행스럽게 독일에도 '새로운 피'가 있었다. 알브레히트 2세 이후 '독일 왕'과 '신성로마 제국 황제' 직위를 독점한 합스부르크 왕가가 바로 독일의 첫 번째 '새로운 피'였다. 합스부르크 왕가는 프랑스처럼 중앙집권을 꾀할 수 없었다. 독일은 여전히 힘센 공국公國들이 세력을 균점한 집합체였기에, 그들 중 하나인 합스부르크 왕가가 손댈 상대는 아니었다. 여기서 합스부르크 왕가는 '신성로마 제국 황제'라는 직위를 활용하여 무력武力이 아닌 다른 방법으로 세력을 넓혀갔다. 다른 방법이란 다름 아닌 합스부르크가家의 주특기인 '정략결혼정책'이었다. 그리고 그 중심에는 막시밀리안 1세 Maximilian I(재위: 1493~1519년)가 있었다.

2.

막시밀리안 1세는 백년전쟁이 끝난 지 6년 후인 1459년, 신성로마 제국 황제 프리드리히 3세Friedrich Ⅲ(재위: 1440~1493년)의 맏아들로 태어났다. 아버지 프리드리히 3세는 사촌인 알브레히트 2세가 즉위 1년 만에 급서急逝하는 통에 행운의 황제가 될 수 있었다. '평화왕'이란 별칭으로도 불리는 부황 프리드리히 3세는 '통치를 잘해서'가 아니라 '한 일이 없어서' 경멸의 뜻이 담긴 '평화왕'이라 불렸다. 53년이란 기나긴 재위기간 중에 프리드리히 3세는 친족들과 독일귀족들의 반란으로 많은 어려움을 겪었다. 영지 분할 상속을 요구하는 동생에게는 연금까지 당했다가, 동생이 일찍 죽는 통에 오스트리아에 대한 통치권을 되찾았다. 심지어 1485년에는 헝가리 왕국의 명군 마차시 1세Mátyás I(재위: 1458~1490년)에게 패하여 영지인 오스트리아를 빼앗기기도 했다. 하지만 시간은 언제나 프리드리히 3세 편이었다. 무능한 군주였지만 프리드리히 3세에게는 두 가지 타고 난 재주가 있었다. 하나는 '오래 사는 것'으로 어떤 경우에도 살아남았기에 결국엔 '하느님이 적을 죽였다.' 그리고 둘은 합스부르크가家의 주특기인 '결혼과 자식 낳기'에 충실했기에 자손에게 큰 가능성을 물려주었다. 평소 프리드리히 3세는 'A.E.I.O.U(Alles Erdreich ist Osterreich Untertan)' 라는 자기암시적인 문구를 즐겨 사용했다고 한다. '오스트리아가 세계를 지배할 것이다'라는 뜻이 담긴 이 문구는 당대인들의 비웃음을 샀지만, 결국 후대에 이르러 그대로 이루어진 걸 보면 프리드리히 3세는 분명 남다른 '능력'을 가지고 있었음이 틀림없다.

'평화왕' 프리드리히 3세의 최대 업적은 아들 막시밀리안과 부르고뉴 공작의 외동딸 마리Marie de Bourgogne와의 결혼을 성사시킨 일이었다. 백년전쟁 당시에도 프랑스의 속을 썩인 부르고뉴 공국이 합스부르크 왕가로 넘어간 경위는 다음과 같다. 프랑스 왕국과 부르고뉴 공국은 백년전쟁이 끝난 뒤에도 그리 좋은 사이가 아니었다. 문제의 핵심은 부르고뉴 공국이 프랑스 왕국에서 떨어져 나와 독립 왕국을 세우려는 데 있었다. 본래 부르고뉴 공국은 프랑스 왕국과 신성로마 제국 사이에 걸쳐 있는 부르고뉴 지방을 영지로 삼았다. 그런데 앞에서 봤듯이 플랑드르 공작의 외동딸과 결혼한 부르고뉴 공작 필리프가 1384년, 장인의 영지인 플랑드르와 프랑슈콩테Franche-Comté 지역을 상속받았다. 그 결과 부르고뉴 공국의 영지는 남쪽의 부르고뉴 지방과 북쪽의 플랑드르, 프랑슈콩테 지방(27페이지 참조)으로 확장되었다. 이런 상황에서 야심만만한 부르고뉴 공작이 출현했다. 1467년, 부르고뉴 공작이 된 '용담공' 샤를Charles le Téméraire(재위: 1467~1477년)이 바로 그였다. 그는 부르고뉴 지방과 플랑드르 지방 사이에 있는 로렌 지방 일대를 획득하여 두 지역을 연결한 후 독립하려 했다. 이에 샤를은 신성로마 제국 황제에게 접근했다. 하지만 부르고뉴 공작의 이러한 움직임은 프랑스 왕의 분노를 불러왔다.

1477년, 재위기간 내내 프랑스와 티격태격했던 샤를은 결국 프랑스 왕 루이 11세Louis XI(재위: 1461~1483년)의 사주를 받은 로렌 공작과의 싸움에서 패해 죽고 말았다. 하지만 샤를이 죽었다 해서 프랑스 왕이 좋아할 건 아무것도 없었다. 엉뚱하게 오스트리아 대공인 막시밀리안 1세가 부르고뉴 공국을 채가는 통에 '닭 쫓던 개 지붕만 처다본' 격이 되었기 때문이었다. 죽은 부르고뉴 공작 샤를에게는 외동딸 마리가 있었다. '부귀여공富貴女公'이란 별칭이 말해주듯이 당시 요지要地 중에 요지인 플랑드르 지방을 지참금으로 가지고 있던 마리는 최고의 신붓 감이었다. 이에 노골적으로 플랑드르 지방을 탐낸 프랑스 왕 루이 11세는 마리와의 정략결혼을 추진했다. 마리를 지금의 벨기에 브뤼셀에서 북서쪽에 위치한 겐트Ghent성에 가둔 후 자신의 일곱 살밖에 안 된 아들과의 결혼을 강요한 것이다. 하지만 나이도 나이려니와 아버지가 루이 11세의 농간으로 죽은 사실을 뻔히 알고 있던 그녀는 프랑스라면 치를 떨었다. 벼랑 끝으로 내몰린 마리는 아버지가 생전에 남긴 유언이 생각났다. 부르고뉴 공국에게 오스트리아보다는 프랑스가 더 큰 위협이니, 비상시에는 오스트리아에게 도움을 요청하라는 게 아버지의 유언이었다. 마리는 촌수로는 6촌 오빠였지만 한 번도 본 적이 없는 합스부르크 가문의 막시밀리안에게 도움을 청했다.

마리의 구원 요청을 받은 막시밀리안은 기다렸다는 듯이 그녀가 갇혀 있는 겐트로 치고 들어가서 마리를 구출했다. 재빨리 마리를 구출한 막시밀리안은 바로 그다음 날 그녀가 도저히 거절할 수 없는 청혼 선물을 마련했다. 어느 틈에 준비했던지 마리의 이니셜인 'M' 모양의 다이아몬드 반지를 미래의 신부에게 준 것이다. 이때 막시밀리안이 마리에게 준 반지를 후세인들은 결혼반지의 원조로 본다고 한다. 아무튼 프랑스 왕이 미처 손도 써보기 전에 오스트리아에서 벨기에까지 내달았던 막시밀리안의 과감성은 충분한 보상을 받았다. 첫 번째 보상은 지금의 베네룩스Benelux 3국인 플랑드르를 포함한 부르고뉴 공국을 합스부르크 왕가의 소유로 만든 것이었다. 같은 발루아 가문이었던 프랑스 왕국에서 떼어낸 부르고뉴 공국은 오스트리아 합스부르크 왕가의 격을 높였을 뿐만 아니라, 훗날 스페인을 합스부르크 왕가의 품에 안겨줄 계기도 마련해주었다. 두 번째 보상은 정략결혼을 넘어서 진심으로 사랑하는 사람을 얻었다는 사실이었다. 비록 사냥길에 낙마落馬하는 바람에 스물다섯 살의 한창나이로 요절한 마리였지만, 막시밀리안은 평생 그녀를 그리며 살았다고 한다. 더구나 사후에는 자신의 시신에서 심장을 꺼내 벨기에에 묻힌 마리 곁에 묻어달라는 유언을 남겼다니, 바람둥이 프랑스 왕에게서는 도저히 기대할 수 없는 독일 왕 특유의 순애보를 보는 느낌이 든다.

3.

1486년부터 부황인 프리드리히 3세와 공동 통치자였던 막시밀리안은 1493년 프리드리히 3세가 일흔여덟 살의 나이로 서거하자 신성로마 제국의 단독 통치자이자 합스부르크 왕가의 수장이 되었다. 한참 혈기왕성한 서른네 살의 젊은 황제 막시밀리안 또한 단독 황제가 된 후 역대 황제들이 그랬듯이 처음에는 황제권을 강화해보려고 애썼다. 단독 황제가 된 2년 후인 1495년, 막시밀리안은 보름스Worms 제국의회에서 황제권 강화를 시도했지만 이번에도 선제후를 중심으로 한 독일 귀족들의 반대로 뜻을 이루지 못했다. 황제권을 강화하기는커녕 오히려 1499년에는 슈바벤 전쟁에서 패전하여 합스부르크 가문의 영향력 하에 있던 스위스 연맹의 사실상 독립을 인정해야 했다. 그뿐만 아니라 막시밀리안은 이탈리아로 영향력을 확대해오는 프랑스를 막는 데도 실패했다. 이 때문에 막시밀리안은 1500년 아우크스부르크에서 열린 제국의회에서 큰 위기에 처했다. 일곱 명의 선제후를 포함한 제국통치평의회가 막시밀리안의 폐위를 꾀한 것이다. 다행히 호응하는 제후들이 많지 않았고 막시밀리안 본인도 적절하게 대처해서 폐위 계획은 무위로 돌아갔지만, 젊은 황제는 큰 고비를 넘겨야 했다.

여기서 이야기를 되돌려 이탈리아의 정세를 살펴보자. 1250년, 페데리코 2세가 죽은 후 북부 이탈리아는 신성로마 제국의 실질적인 지배에서 벗어났고, 황제의 종주권은 형식적일 뿐이었다. 그로부터 60여 년 후인 1309년에는 교황청의 아비뇽 유수로 교황의 영향력에서도 벗어나게 되었다. 이렇게 황제와 교황에게서 자유로워진 북부 이탈리아에서는 자치도시, 즉 코무네Comune가 발전하면서 각자의 세력을 구축해나갔다. 그 결과 이탈리아에는 주요 5대 세력이 형성되었다. 북부의 밀라노 공국, 피렌체 공화국, 베네치아 공화국과 남부의 나폴리 시칠리아 왕국, 중부의 교황령이 바로 그들이었다. 그들 중에서 피렌체Firenze는 14세기 후반부터 16세기까지 지속된 르네상스의 발상지였다. 로마 제국의 본고장이었던 이탈리아반도는 11~12세기 십자군 전쟁 중에 동방과의 중계무역을 통해 막대한 부를 축적했다. 이렇게 쌓은 부를 바탕으로 피렌체의 메디치Medici가를 위시한 상인 계층에서 예술가들을 지원하면서 르네상스Renaissance 시대가 열렸다. 이탈리아에서 시작된 르네상스는 그 후 유럽 각국에 전파되었으며, 이 시기에 이탈리아는 경제적, 문화적으로 최전성기를 구가했다.

하지만 이탈리아의 르네상스에는 한계가 있었다. 아무리 경제적, 문화적으로 앞서간다 해도 이를 뒷받침할 군사력이 없다면 이는 사상누각砂上樓閣에 불과하기 때문이었다. 르네상스는 프랑스를 비롯한 주변 강국들이 내부문제 때문에 외부에 신경 쓸 겨를이 없을 때에만 가능했다. 다시 말해 프랑스가 백년전쟁으로 발목이 잡혀 있고, 스페인이 이슬람 세력을 몰아내려는 레콘키스타Reconquista, 즉 국토회복운동에 여념이 없었고, 독일이 제후들 간 세력다툼에 바빴을 때에만 이탈리아는 봄날을 즐길 수 있었다. 하지만 이들이 내부 문제를 해결하고 나면서부터 상황이 일변했다. 물이 높은 데에서 낮은 데로 흐르듯이 주변 강국들이 자연스레 이탈리아를 넘보기 시작한 것이다. 이들이 보기에 이탈리아라는 보물창고는 수많은 보물로 넘쳐났지만, 정작 창고를 지키는 창고지기들은 허약하기 짝이 없었다. 그러니 그런 창고에 있는 보물을 탈취하고 싶은 생각이 당연히 들지 않겠는가?

1494년부터 1559년까지 60년 넘게 지속된 이탈리아 전쟁은 이런 배경하에서 시작되었다. 이제 막 중앙집권화에 성공한 프랑스와 스페인, 그리고 합스부르크 왕가의 오스트리아가 아직도 도시국가차원에 머물러 있던 이탈리아로 밀려들어 오면서 일어난 전쟁이 이탈리아 전쟁이었다. 그런데 백년전쟁이 프랑스에서만 분탕질을 쳤듯이, 이탈리아 전쟁은 이탈리아에서만 벌어졌다. 이로 말미암아 르네상스로 대표되는 문화적, 경제적 중흥기中興期를 구가하던 이탈리아 도시국가들은 그야말로 쑥대밭이 되고 말았다. 일찍이 250여 년 전에 페데리코가 우려했던 일이 현실로 나타난 것이다. 여기에 더하여 내부 문제가 발생할 때마다 자력으로 해결하기보다는 외세를 끌어들이는 교황 때문에 상황은 더욱 악화되었다.

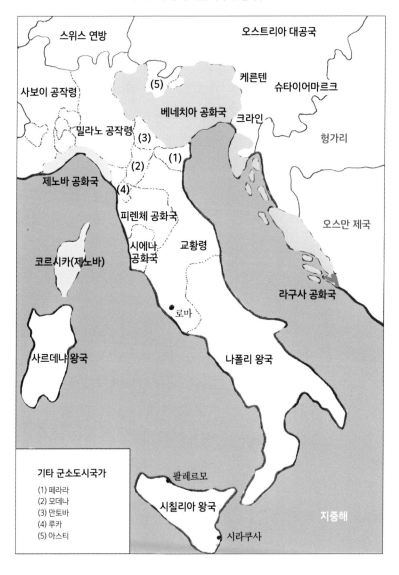

4.

이탈리아 전쟁의 포문은 프랑스 왕 샤를 8세(재위: 1483~1498년)가 처음으로 열었다. 언제부턴가 샤를 8세는 백년전쟁 와중에 잃어버린 나폴리 왕국이 생각났다. 앞에서 말했듯이 프랑스와 나폴리 왕국의 인연은 1266년으로 거슬러 올라간다. 그 해에 프랑스 왕가의 방계인 앙주 백작 샤를은 교황의 요청으로 이탈리아 원정을 단행했다. 1250년, 페데리코가 죽은 뒤에도 계속 저항하는 그의 후손들을 제거하려고 교황이 프랑스 세력을 불러들인 것이다. 이탈리아로 들어온 샤를은 페데리코의 아들인 시칠리아 왕 만프레디를 패사시키고, 남부 이탈리아와 시칠리아를 아우른 나폴리 왕국을 세웠다. 하지만 앙주 백작은 시칠리아를 예루살렘 정도로 착각했던 것 같다. 십자군 전쟁 때 선조들이 예루살렘을 피바다로 만들어버렸듯이, 프랑스군은 시칠리아에서도 강압정책으로 일관했다. 이에 참다못한 시칠리아 주민들이 아라곤 왕국에 도움을 요청하며 반란을 일으켰다. 결국 1282년, '시칠리아 만종 학살 사건'이란 반란이 일어나자 이를 빌미로 아라곤 왕국은 시칠리아를 빼앗았고, 백년전쟁 중이었던 1443년에는 남부 이탈리아마저 탈취해 갔다.

그로부터 50년 후인 1494년, 이제는 힘이 넘쳐 근질근질해진 프랑스 왕은 예전에 빼앗긴 이탈리아가 아쉬웠다. 그러던 차에 나폴리 왕이 죽자, 샤를 8세는 오스만 제국에 대항할 십자군 원정기지가 필요하다며 이탈리아로 침공해왔다. 그 시대 어느 이탈리아인이 말한 '가장 비참한 시대의 첫해'가 열린 것이다. 하지만 이 모든 것은 교황이 오래전에 뿌려놓은 씨앗이었다. 이듬해인 1495년, 나폴리에 입성한 후 샤를 8세는 자신이 나폴리 왕임을 선포했다. 하지만 샤를 8세 또한 200여 년 전의 선조인 앙주 백작이 시칠리아에서 저질렀던 실수를 되풀이했다. 초기엔 프랑스군의 침입을 방관했던 이탈리아 도시국가들은 마구잡이로 현지인들을 핍박하는 프랑스군의 난폭함에 질려버렸다. 이에 교황이 침략자에 맞서자고 호소하자 베네치아를 비롯한 도시국가들이 들고일어났다. 여기에 더하여 나폴리 왕국의 주인이었던 스페인은 물론이고, 프랑스 혼자 잘 나가는 꼴이 보기 싫었던 막시밀리안의 신성로마 제국도 반反 프랑스 기치를 내걸었다. 결국 이들이 신성동맹을 결성하여 대항하자, 프랑스 혼자서는 당해낼 재간이 없었다. 그해 7월, 샤를 8세는 허겁지겁 이탈리아에서 빠져나왔다.

샤를 8세의 이탈리아 원정은 실패로 끝났지만, 한번 열린 이탈리아로 가는 길을 프랑스 왕이 잊을 리 없었다. 1498년, 샤를 8세의 뒤를 이은 루이 12세Louis XII(재위: 1498~1515년)는 왕위에 오르자마자 밀라노 공작의 정통성을 문제 삼았다. 본래 밀라노 공국은 대대로 토착 귀족인 스포르차Sforza 가문이 다스리고 있었다. 그런데 1476년, 밀라노 공작인 갈레아초 스포르차Galeazzo Sforza가 암살당한 후 그의 동생 루도비코 스포르차Ludovico Sforza가 어린 조카의 섭정이 되어 실권을 장악했다. 그 후 1494년에 조카가 죽자 루도비코는 귀족들을 포섭하여 정식으로 밀라노 공작이 되었다. 하지만 루이 12세는 정통성 없는 루도비코보다는 조모로부터 스포르차 가문의 피를 이어받은 자신이 밀라노 공작이 돼야 한다고 우겼다. 1499년, 루이 12세는 밀라노에 입성했고, 루도비코는 명목적이긴 했지만 어쨌든 종주국인 신성로마 제국으

밀라노의 스포르차성城

로 도망갔다. 프랑스를 견제하고자 막시밀리안 1세가 스위스 용병대를 지원해 준 덕에 잠시 밀라노를 되찾았던 루도비코는 결국 재차 침공한 루이 12세에게 붙잡혀 프랑스로 끌려갔다. 독립국가로서의 밀라노 공국은 이때 소멸했다. 막시밀리안의 제위가 잠시 흔들렸던 것은 바로 이 사건 때문이었다.

밀라노를 정복한 김에 루이 12세는 선왕先王 샤를 8세가 실패한 나폴리마저 차지하고 싶었다. 하지만 프랑스 혼자 나폴리를 차지하도록

내버려 둘 스페인이 아니었다. 두 나라는 티격태격하다가 정작 주인은 빠지고 객종들끼리 이탈리아에서의 세력권을 책정했다. 1504년 체결된 리옹 조약에서 프랑스는 밀라노와 북부 이탈리아를, 스페인은 시칠리아와 남부 이탈리아를 차지하기로 합의했다. 이제 이탈리아는 역사의 주체가 아닌 객체로 전락하기 시작했다. 이런 판국에 이탈리아 내부에서조차 분쟁이 일어나자 이탈리아는 걷잡을 수 없는 혼란에 빠져들었다. 평소에도 교황에게 고분고분하지 않던 베네치아가 교황령에 인접한 지역을 점령하자 교황이 분노한 것이다. "나는 어느 나라에서나 교황이지만, 베네치아에서는 다르다."라는 교황의 한탄처럼 교황을 대하는 베네치아인의 태도는 여느 중세인과는 확연히 달랐다. 이는 '베네치아인 먼저, 기독교도는 그다음'이라고 말한 베네치아의 한 원로원 의원의 말에서도 알 수 있다. 해당 지역을 두고 교황과 베네치아 대사는 다음과 같은 말싸움을 벌였다.

> 교황: "최근에 베네치아가 무단으로 점령한 지역을 도로 내놓으시오."
> 대사: "저희는 절대로 성하聖下의 말씀을 따를 수 없습니다."
> 교황: "그렇다면 다른 사람의 힘을 빌려서라도 베네치아를 예전의 고기잡이 어촌으로 만들어 주겠소."
> 대사: "성하께서 그렇게 이성을 잃으신다면, 저희 베네치아도 성하를 예전의 시골 사제로 모실 수밖에 없습니다."

이렇게 교황의 압력에 군건히 맞선 베네치아였지만, 한 가지 간과한 사실이 있었다. 논리적이고 타산적인 베네치아로서는 설마 교황이 그렇게까지 막무가내로 나갈 줄은 미처 몰랐던 것이다.

✦ 베네치아 산 마르코 광장Piazza San Marco에서

바르셀로나Barcelona가 스페인의 국외자局外者라면, 베네치아Venezia는 이탈리아의 이방인異邦人이다. 바르셀로나가 스페인의 국외자로 낙인찍힌 이유는 문화와 가치관이 너무 다른 마드리드Madrid와의 오랜 갈등에 기인한다. 옛 카스티야Castilla 왕국의 왕도王都였던 마드리드는 지금도 스페인의 중심부이지만, 옛 아라곤Aragon 왕국의 왕도였던 바르셀로나는 여전히 스페인의 주변부로 남아있다. 이 때문에 20세기 초부터 시작된 아라곤 왕국의 근거지인 카탈루냐Cataluña 지방의 독립운동은 지금도 진행형이며, 그 중심에 카탈루냐의 주도州都인 바르셀로나가 있다. 그렇다면 베네치아는 왜 이탈리아의 이방인일까? 베네치아란 도시는 이탈리아의 다른 도시들과 태생적으로 다르기 때문이다. 당연한 말이지만 이탈리아의 도시들은 고대 로마 제국과 떼려야 뗄 수 없는 관계다. 하지만 베네치아는 아니다. 베네치아는 서로마 제국이 멸망할 즈음에 탄생한 도시였다. 서로마 제국이 멸망하기 24년 전인 452년, 훈족의 침략에 직면한 베네토Veneto 지방의 주민들은 사제에게로 달려갔다. 하지만 사제인들 뾰족한 수 있겠는가? 답답한 마음에 하늘을 향해 두 팔을 벌려 기도할 때 하늘에서 소리가 들려왔단다. "탑에 올라 바다 쪽을 보아라. 눈에 보이는 곳이 앞으로 너희가 살 집이니라." 마침 썰물 때인지라, 그들 눈에는 온통 갈대가 무성한 갯벌이 보였다. 베네치아의 초기 연대기에 나오는 '바다 위의 도시'는 이렇게 탄생하였다.

베네치아를 침략한 나폴레옹이 '유럽에서 가장 아름다운 응접실'이라 칭하며 여유를 부렸다던 산 마르코 광장Piazza San Marco에 서서 사방을 둘러본다. 산 마르코 대성당Basilica di San Marco과 두칼레 궁전 Palazzo Ducale, 그리고 건너편 종탑Campanile di San Marco과 아케이드로 둘러싸인 광장은 과연 나폴레옹이 아니라도 찬탄이 절로 나온다. 하지만 베네치아의 연대기를 떠올리며 다시 바라보는 베네치아의 모습은 이탈리아의 다른 도시들과는 확연히 다르다. 광장 한가운데에 서 있을 법한 이탈리아 통일의 주역 가리발디Garibaldi의 동상이 이곳에서는 찾아볼 수 없다. 황금빛 가득한 산 마르코 대성당 안에는 당연히 있어야 할 교황들의 동상이 자취조차 없다. 광장과 대성당뿐 아니라 베네치아 어디에서도 이탈리아를 대표하는 가리발디와 교황들의 자취를 찾아보기 힘들다. 그들 대신 시내 곳곳에 흔히 보이는 건 날개 달린 사자 상像이다. 이탈리아 국기인 삼색기Il Tricolore조차 베네치아의 상징인 산 마르코기旗에 가려 명함도 못 내밀고 있다. '베네치아인 먼저, 기독교도는 그다음'이란 중세의 전통이 지금은 '베네치아 먼저, 이탈리아는 그다음'으로 이어지는 듯하다. 하지만 베네치아의 역사를 살펴보면 이는 지극히 자연스러운 모습이다.

이탈리아반도 북동부에 위치한 베네치아지만 그 역사는 지금의 이스탄불을 근거지로 한 동東로마 제국, 즉 비잔틴 제국과 연관이 깊다. 염전사업과 선박운송업을 생계로 삼았던 베네치아는 6세기부터 자진해서 자신을 보호해줄 비잔틴 제국의 속국이 되었다. 그렇게 한동안 '도시 상태'에 머물던 베네치아에 공화정부가 출현한 시기는 697년이 었다. 그 해에 베네치아 시민들은 그들의 대표인 도제Doge를 선출하여 베네치아 공화국을 출범시켰다. 새로 출발한 베네치아 공화국은 종전대로 비잔틴 제국의 종주권은 인정했지만, 자치를 허용받아 사실상의 독립국이 되었다. 베네치아의 첫 번째 시련은 800년에 찾아왔다. 샤를마뉴의 프랑크 왕국이 베네치아에까지 손길을 뻗친 것이다. 하지만 베네치아는 공화국 역사상 최초인 이 전쟁에서 프랑크 왕국을 격파함으로써 무시할 수 없는 해군력을 갖추고 있음을 온 유럽에 알렸다. 이제 베네치아는 높아진 위상에 걸맞은 엠블럼emblem이 필요했다. 828년, 두 명의 베네치아 상인은 이집트의 알렉산드리아에 잠들어 있던 복음서의 저자 마르코 성인의 성체聖體를 베네치아로 모셔왔다. 명분은 무슬림들의 만행을 피하기 위해 성체를 모셔왔다지만, 탈취해 왔다는 편이 사실에 더 가까울 것이다. 성인들에게도 격格이 있는데, 마르코 성

캄파닐레 종탑에서 내려다본 산 마르코 광장Piazza San Marco

인은 격이 높은 성인으로 예수의 열두 제자 바로 아래 서열이었다. 이렇게 격이 높은 성인을 새로운 수호성인으로 삼음으로써 베네치아는 자신의 격을 높이고 정체성을 확립할 수 있었다. 날개 달린 사자는 바로 마르코 성인을 상징하는 엠블럼이었다.

산 마르코 대성당의 정면 테라스를 장식하고 있는 네 마리의 청동 말 조각상은 베네치아의 탐욕을 말해준다. 4두頭 2륜輪 전차인 콰드리가Quadriga를 끌던 이 청동 말 조각상은 본래 비잔틴 제국의 수도 콘스탄티노플Constantinople(현재의 이스탄불)에 있던 고대 로마 시대의 조형물이었다. 그런데 전차경기장인 히포드롬Hippodrome의 개선문을 장식했던 이 청동 말 조각상이 전리품 신세가 되어 베네치아로 끌려온 건 제4차 십자군 원정 때였다. 당시 베네치아는 십자군을 앞장세워 콘스탄

베네치아 도제Doge와 날개달린 사자 상

산 마르코 대성당 테라스 위의 네 마리 청동 말 조각상

티노플을 공략했다. 베네치아에게 원정 비용을 빚진 십자군의 약점을 이용하여 예전의 종주국이자 당장의 경쟁자인 비잔틴 제국을 제압하려 한 것이다. 결국 내분 상태였던 비잔틴 제국은 이들의 공격에 무너졌고, 이교도인 이슬람 세력을 정벌하라고 보낸 십자군은 생뚱맞게 같은 기독교 국가인 비잔틴 제국을 멸망시켜버렸다. 하긴 교황도 동방정교를 신봉하는 비잔틴 제국이 망하면 로마 가톨릭으로 통합시킬 수 있다는 욕심에 십자군의 공격을 지지했다니 할 말은 없지만 말이다.

비잔틴 제국을 멸망시킨 베네치아는 지중해와 흑해의 해상권을 독점하여 한동안 봄날의 즐거움을 만끽했다. 하지만 베네치아는 순망치한脣亡齒寒의 이치를 알았어야 했다. 눈앞의 이익만을 탐한 베네치아는 비잔틴 제국이란 입술이 없어지면 베네치아란 이빨이 얼마나 시린지를 예견하지 못했다. 사실 비잔틴 제국은 오랫동안 베네치아의 후견인이자 든든한 방파제 역할을 해왔었다. 지금까지 동쪽에서 밀려오는 페

베네치아 운하 정경

르시아와 이후의 이슬람 세력을 막아낸 당사자는 다름 아닌 비잔틴 제국이었다. 비록 당시는 내분과 이슬람의 침략으로 많이 쇠락한 상태였지만, 그 틈을 이용하여 등 뒤에서 칼을 꽂을 일은 아니었다. 비잔틴 제국이 사라지면서 발생된 힘의 공백을 도시국가인 베네치아가 메우기에는 한계가 있었다. 훗날의 이야기지만 결국 오스만 제국은 비잔틴 제국이란 방파제를 스스로 걷어내버린 베네치아를 거침없이 몰아붙여 굴복시킨다.

1508년 말, 교황은 이탈리아반도 내에 유일하게 남아 있던 유력한 도시국가 베네치아를 치기 위해 온갖 외세들을 끌어모았다. 프랑스,

스페인, 신성로마 제국과 캉브레Cambrai 동맹을 체결하여 북동부 이탈리아 지방에 있는 베네치아의 영토를 빼앗아 나누어 갖기로 한 것이다. 사면초가四面楚歌에 몰린 베네치아는 연전연패했고, 득세한 프랑스는 베네치아를 대신하여 북부 이탈리아에서 막강한 세력을 구축했다. '빈대 잡으려다 초가삼간 다 태운다'더니 교황은 눈엣가시인 베네치아를 제거하려다가 통제 불가능한 프랑스를 불러들인 꼴이 되었다. 이때부터 교황은 돌려막기 식式 외세 불러들이기를 거듭하면서 이탈리아를 회복 불능의 구렁텅이로 밀어 넣는다. 프랑스가 막강해지자 교황은 베네치아와 화해한 후 스페인을 불러들였다. 1512년, 프랑스가 밀라노에서 쫓겨나자 이번에는 스페인이 프랑스를 대신하여 북부 이탈리아를 넘보기 시작했다. 이런 스페인을 몰아내기 위해서 교황은 또다시 신성로마 제국과 동맹을 맺었다. 그야말로 눈이 어지러울 정도로 현란한 변신이었지만, 문제는 이런 방법으로 끝까지 성공한 사례가 없다는 데에 있었다. 세상에 공짜는 없고, 아무런 이해 관계없이 남의 일에 발 벗고 나서는 이웃은 없는 법이다. 남에게 도움을 청할 때엔 내가 얻는 이익의 몇 배를 상대방에게 내어줄 각오가 되어 있어야 한다. 이 이제이以夷制夷 정책으로 자신의 이익을 지키려 했던 교황은 결국 멀쩡한 베네치아만 약화시켜 놓은 채 실패하고 말았다. 스페인과 신성로마 제국이 같은 합스부르크 가문으로 통합되면서 교황의 정책은 더 이상 먹혀들 여지가 없어졌기 때문이었다.

5.

독일 내에서는 제후들에게 치이고, 독일 밖 스위스나 이탈리아에서 벌어진 전쟁 결과도 신통치 않았지만 막시밀리안에겐 신이 내려준 특별한 능력이 있었다. 그것은 바로 동물적 감각으로 추진한 '정략결혼 정책'이었다. 자신을 포함하여 온 가족이 동원된 정략결혼의 결과를 보면, 이 사람이야말로 '족집게 도사'의 원조가 아닐까 하는 경탄을 불러일으킨다.

막시밀리안이 결혼정책을 펼치는 데 최대 걸림돌은 역시나 프랑스였다. 부르고뉴에서 막시밀리안에게 한 방 먹은 프랑스는 이후 그를 집요하게 물고 늘어졌다. 1482년, 마리가 죽은 후 막시밀리안은 네 살밖에 안 된 외아들 '미남공' 필리프를 부르고뉴 대공으로 밀어 넣었다. 그리고 자신은 아들의 섭정이 되어 부르고뉴 령領 네덜란드를 대리 통치했다. 같은 해, 그는 외동딸 마르가레테와 프랑스 왕 루이 11세의 외아들인 샤를(후에 샤를 8세로 이탈리아 침공을 개시한 왕)과의 결혼을 약속한 조약을 체결했다. 여기서 막시밀리안은 옛 부르고뉴 지방을 지참금으로 프랑스에 양보했지만, 네덜란드를 비롯한 풍요로운 플랑드르 지방을 확보할 수 있었다. 한편 마리와 사별한 지 12년 후인 1494년, 막시밀리안 자신은 밀라노 공작 딸과 재혼하여 만약에 공작 가문이 단절될 경우엔 합스부르크 왕가가 밀라노 공국을 상속받을 길을 열어 놓았다.

막시밀리안이 제일 공들인 상대는 카스티야와 아라곤 왕국이었다.

당시 스페인 내에는 카스티야 왕국과 아라곤 왕국이 병존하고 있었다. 두 왕국은 '가톨릭 부부'로 불리는 이사벨 여왕과 페르난도 왕이 각각 다스리고 있었다. 이들에게는 후안이란 아들이 있었는데, 장차 이들로부터 두 왕국을 물려받아 통합 스페인 왕국의 왕위에 오를 사람이었다. 정략결혼의 마술사 막시밀리안은 이 점을 노려 '가톨릭 부부'와 자신의 자식들을 교차로 결혼시킴으로써 겹사돈을 맺었다. 이에 따라 1495년에는 아들 '미남공' 필리프를 가톨릭 부부의 둘째 딸인 후아나와 결혼시켜 후사가 끊길 경우 카스티야와 아라곤의 영토 및 해외 식민지에 대한 권리를 주장할 계승권을 확보했다. 여기에 그치지 않고 1497년에는 딸 마르가레테를 가톨릭 부부의 아들인 카스티야와 아라곤의 왕위 계승자 후안에게 시집보냈다. 얼마 전에 샤를 8세에게 파혼당한 마르가레테는 올케 후아나의 오빠와 결혼한 셈이 되었다. 하지만 결혼한 지 반년 만에 후안 대공이 죽는 통에 이 결혼은 의미가 없어졌지만, 오빠 후안의 직위를 물려받은 첫째 딸 또한 요절하는 바람에 결국은 둘째 딸인 후아나에게로 왕위 계승권이 넘어왔다. 막시밀리안은 이런 경우까지 예측했을까, 아니면 억세게 운이 좋았을까?

평생 카를(샤를마뉴) 대제의 제국을 꿈꾸었지만, 수많은 결혼과 전쟁에도 불구하고 막시밀리안이 당대에 이룬 업적은 보잘것없었다. 하지만 그가 열심히 뿌려놓은 씨앗이 후대에서 어떤 결실을 맺을 지는 아무도 상상하지 못했다. 막시밀리안이 즐겨 썼던 '정략결혼정책'은 흡사 러시안 룰렛Russian Roulette 게임을 보는 듯했다. 만약에 한 가문이 단절될 경우엔 상대 가문이 모든 상속권을 승계한다는 조건인데, 어째서 합스부르크 가문이 아닌 상대 가문들만 후사가 단절되는지 신기할 정도였다. 막시밀리안의 유업은 일찍 요절한 아들 필리프를 뛰어넘어 손자인 카를 5세 때에 만개하게 된다. 프랑스와 잉글랜드를 뺀 서유럽 대부분 지역과 북아프리카, 아메리카 신대륙을 아우르는 세계적인 제국이 출현하게 되는 것이다. 실로 막시밀리안은 카를 대제나 오토 대제와 같이 무력을 쓰지 않고도 그들을 능가하는 대제국의 초석을 세웠다. 누가 감히 막시밀리안을 능력 없는 군주라 폄하할 수 있겠는가? 막시밀리안은 우리에게 어떤 능력을 가지고 있느냐가 중요한 것이 아니라, 가지고 있는 능력을 어떻게 발휘해야 하는가를 가르쳐준다. 정략결혼의 귀재는 다음과 같은 명언을 남겼다.

> "다른 이들은 전쟁하게 하라, 하지만 행복한 오스트리아여! 그대는 결혼하라.
> 마르스Mars가 다른 나라에 줄 것을, 비너스Venus가 그대에게 주리라."

제3장
독일과 프랑스의 진검승부
카를 5세Karl V와 프랑수아 1세François I

아우구스부르크 시청사 안에 있는 '황금의 방Goldener Saal' 양쪽 벽에는 비기독교도 황제 8명과 기독교도 황제 8명이 도열해있는 벽화가 있다. 아우구스투스, 티베리우스 등 로마 제국 황제들과 샤를마뉴, 프리드리히 1세 등 신성로마 제국 황제들이 바로 그들이다. 그들 중에 비기독교도 측의 카이사르와 기독교도 측의 카를 5세의 벽화 위에 쓰여 있는 문구는 아래와 같다.

VENI, VIDI, VICI!(왔노라, 보았노라, 이겼노라!)

-율리우스 카이사르Iulius Caesar

VENI, VIDI, DEUS VICIT!(왔노라, 보았노라, 신께서 이겼노라!)

-카를 5세Karl V

프랑스 왕 프랑수아 1세는 신성로마 제국 황제 카를 5세의 포로가 되었다. 프랑수아는 영토할양을 요구하는 카를에게 차라리 감옥에서 죽겠다고 버텼다. 보다 못한 프랑스 귀족들이 오히려 카를의 요구를 들어주자고 왕을 설득해야 했다. 프랑수아는 다음과 같이 말했다.

"감옥에 갇혀 있는 기사의 말과 서명은 의미가 없으며, 왕국 분할은 내 권한 밖의 일이다."

1.

때는 1512년 어느 화창한 날, 한 건장한 청년이 동생뻘로 보이는 소년과 함께 마상창시합馬上槍試合 놀이를 하고 있었다. 매부리코에 주걱턱을 한 소년이 안간힘을 써보지만, 유난히 큰 코가 돋보이는 잘생긴 청년은 건성으로 대할 뿐이었다. 가만히 보면 체격이 우람한 청년이 상대적으로 왜소한 소년의 억지를 받아주는 듯했다. 행여 귀한 몸 다칠세라 전전긍긍하던 시종들이 만류하자, 분을 참지 못한 소년은 창을 내팽개치고는 궁 안으로 들어가 버렸다. 이 모습을 본 청년은 호쾌하게 웃으며 주위 사람들과 와자지껄 어울려 놀았다. 하지만 이 유쾌한 청년은 생각도 못 했을 것이다. 어딘가 어두워 보이는 먼 친척뻘 되는 소년이 앞으로 평생을 두고 자신을 옥죄는 원수가 되리라는 사실을 말이다. 한눈에 봐도 귀티가 넘쳐흐르는 이들은 누구였을까? 열여덟 살의 청년은 발루아 백작이자 후에 프랑스 왕이 되는 프랑수아 1세 François I(재위: 1515~1547년)였다. 한편 열두 살 된 소년은 부르고뉴 대공이자 후에 신성로마 제국의 황제가 될 카를 5세Karl V(재위: 1519~1556년)였다. 16세기 전반의 유럽 역사를 쥐고 흔들 이들 두 사람이 각각 백년전쟁 당시 서로 싸웠던 오를레앙 가문과 부르고뉴 가문 출신이라는 사실이 흥미롭다. 그런데 얼핏 보면 프랑스 왕국의 주류인 오를레앙 가문의 프랑수아가 방계인 부르고뉴 가문의 카를보다 우위인 듯했지만 사실은 정반대였다. 요즘 말로 프랑수아가 금수저였다면, 카를은 이를 훨씬 뛰어넘는 다이아몬드 수저였다.

프랑수아는 1494년, 지금은 '코냑'이라는 브랜디 산지로 더 유명한

프랑스 아키텐 지방의 코냐크Cognac에서 태어났다. 두 살 때 아버지를
여읜 프랑수아는 열두 살 되던 해인 1506년, 프랑스 왕 루이 12세의
딸 클로드와 약혼했다. 5촌 아저씨뻘 되는 루이 12세가 아들이 없었
기에 일찍부터 프랑수아를 자신의 후계자로 점찍어 놓았던 것이다. 사
실 루이 12세도 직계승계가 아닌 프랑수아와 같은 방법으로 왕이 되
었으니, 이때쯤이면 프랑스 왕실도 근친결혼의 저주에서 자유롭지 못
했던 모양이다. 홀어머니 밑에서 자랐지만, 아들을 '자신의 시저Caesar'
라 떠받들며 귀하게 키운 덕에 프랑수아의 성격은 밝고 쾌활하며 낙천
적이었다. 어린 시절 프랑수아는 기사들의 일화에 매료되었지만, 문학
을 무척 좋아하는 다정다감한 소년이기도 했다. 또한 당시로서는 거인
급인 190㎝의 장대한 키를 자랑하는 프랑수아는 잘생긴 외모에 걸맞
게 여성편력 또한 화려했다고 한다. 하지만 이로 인해 결코 국사를 게

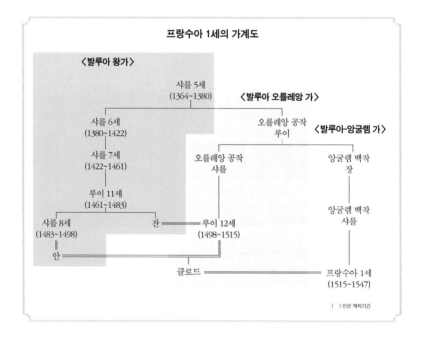

프랑수아 1세의 가계도

〈발루아 왕가〉

샤를 5세
(1364~1380)

〈발루아 오를레앙 가〉

샤를 6세
(1380~1422)

오를레앙 공작
루이

〈발루아-앙굴렘 가〉

샤를 7세
(1422~1461)

오를레앙 공작
샤를

앙굴렘 백작
장

루이 11세
(1461~1483)

앙굴렘 백작
샤를

샤를 8세
(1483~1498)
‖
안

잔

루이 12세
(1498~1515)

클로드

프랑수아 1세
(1515~1547)

( )안은 재위기간

을리 한 적은 없었다 하니 제대로 풍류를 즐길 줄 아는 선량善良이었던가 보다. 프랑수아는 스무 살이 되던 1515년, 루이 12세가 세상을 뜨면서 그의 뒤를 이어 프랑스 왕위에 올랐다. 그가 즉위하자 병약했던 선왕 때문에 지금까지 어둡고 무거웠던 궁정 분위기가 하루아침에 화사하고 경쾌한 축제 분위기로 바뀌었다고 한다. 정상적인 경우라면 결코 왕이 될 수 없었기에 18금 금수저로 비유했던 바람둥이 국왕은 다음과 같이 일갈했다. "여성 없는 궁정은 봄 없는 일 년이요, 장미 없는 봄이로다."

이와 같이 프랑수아가 밝고 쾌활하며 진중한 종교적 분위기와는 거리가 멀었다면, 카를은 어딘지 모르게 냉정하고 음울하며 종교적 열정으로 가득 찬 인상을 주었다. 1500년, 카를은 그 옛날 할머니 마리가 프랑스 왕에 의해 감금되었었던 소도시 겐트Ghent에서 태어났다. 카를 또한 네 살 때 아버지를 여의고, 홀로 남은 어머니는 정신착란 증세가 심했기에 거의 고아와 같은 신세였다. 하지만 천만다행으로 이런 카를에게는 헌신적으로 부모 역할을 해준 고모가 있었다. 앞장에서 말한 막시밀리안 1세의 딸 마르가레테가 바로 그녀였다. 세 번이나 결혼했지만 그때마다 파혼과 사별로 실패한 카를의 고모는 조카 카를을 돌보는 일로 낙을 삼았다. 덕분에 후일 카를은 스페인 왕위에 오를 때나 신성로마 제국의 황제가 될 때마다 고모의 결정적인 도움을 받는다. 그녀는 후에 교황이 될 신학자 아드리안을 카를의 개인 교사로 붙여주었다. 카를의 독실한 신앙심은 어쩌면 어린 시절 개인교사의 영향을 받았을지도 모른다. 부르고뉴 대공인 아버지와 스페인 카스티야 여왕의 딸인 어머니를 둔 카를을 다이아몬드 수저라 한 데에는 그만한 이유가 있다. 프랑수아가 물려받은 직책이 아버지로부터 받은 앙굴렘 백작과 루이 12세에게 하사받은 발루아 백작 등 서너 개에 불과했다면, 카를은 60여 개가 넘는 크고 작은 직책을 가지고 있었다. 그의 대표적인 직책 몇 가지만 나열해보면 다음과 같다. '카를, 하느님의 은총으로 임명된 신성로마 제국의 황제이자 독일의 왕, 이탈리아의 왕, 카스티야, 아라곤, 시칠리아, 예루살렘, 서인도와 동인도의 왕, 오스트리아의 대공, 부르고뉴, 로트링겐, 룩셈부르크의 공작, 슈바벤과 카탈루냐의 공, 알자스의 영주, 플랑드르, 합스부르크, 티롤의 백작 등등.' 그런데 기껏해야 부르고뉴 대공을 아버지로 둔 카를이 어떻게 이 많은 직책을 가질 수 있었을까? 그의 가계도를 보면 금방 답이 나온다.

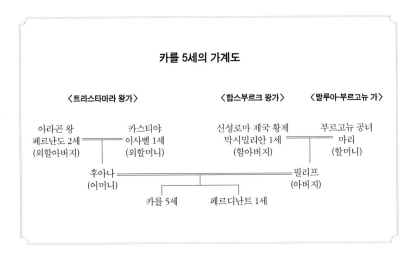

2.

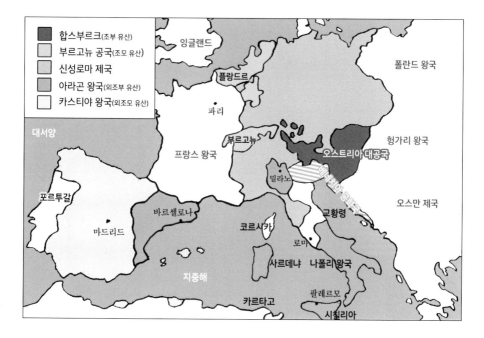

카를 5세의 친할아버지는 다름 아닌 신성로마 제국 황제 막시밀리
안 1세Maximilian I였다. 정략결혼의 귀재였던 친할아버지 덕에 카를 5
세는 샤를마뉴 대제와 나폴레옹 사이 천년의 기간 중에 유럽에서 가
장 넓은 영토를 지배한 자가 될 수 있었다. 카를이 친가와 외가로부터
상속받은 영토는 다음과 같다.

1504년, 외할머니인 카스티야 왕국의 여왕 이사벨 1세가 죽자 아버
지인 부르고뉴 대공 필리프와 어머니 후아나는 공동으로 카스티야 왕
위를 계승했다.

1506년, 카스티야 공동 왕이자 부르고뉴 대공인 아버지가 죽자 카

를은 아버지의 영지인 부르고뉴 공국을 물려받았다. 당시 부르고뉴 공국은 본거지인 부르고뉴와 프랑슈콩테 지방 외에도 비옥한 플랑드르 지방을 영유하고 있었다. 카스티야 왕위는 카를이 어린 탓에 어머니 후아나에게 돌아갔지만, 심한 정신착란 증세 때문에 외할아버지 페르난도 2세가 섭정이 되어 카스티야-아라곤 연합왕국을 실질적으로 통치했다.

1516년, 외 할아버지인 아라곤 왕 페르난도 2세가 세상을 뜨면서 카를은 어머니 후아나와 함께 카스티야-아라곤 연합왕국인 스페인 왕국의 공동 왕위에 올랐다. 이와 더불어 카를은 아라곤 왕국이 점유한 남부 이탈리아의 나폴리 왕국과 시칠리아, 그리고 스페인 왕국이 개척한 남아메리카 식민지까지 물려받았다. 여기서 기존의 오스트리아 계系에 더하여 스페인 계系 합스부르크 왕가가 탄생했다.

1519년, 친할아버지인 막시밀리안 1세가 서거하자 오스트리아 대공국 또한 카를에게로 넘어왔다. 그런데 문제는 막시밀리안 1세가 가지고 있던 신성로마 제국의 황제 자리였다. 그동안 백 년 가까이 합스부르크 가문이 차지해왔던 이 자리를 노리는 사람이 있었기 때문이었다. 그것도 독일인이 아닌 프랑스인이 말이다.

3.

1519년, 신성로마 제국의 황제를 선출하기 위한 선제후 회의가 소집되었다. 차기 황제 후보로는 단연 오스트리아의 계승자이자 부르고뉴 대공이며 스페인 왕인 합스부르크 가문의 카를이 물망에 올랐다. 하지만 선제후들의 생각은 달랐다. 그들은 막시밀리안 1세 이후로 부르고뉴와 스페인, 남부 이탈리아에 이르는 광대한 영토를 차지한 합스부르크 가문을 경계했다. 이는 선제후들뿐만 아니라 교황도 마찬가지였다. 이런 분위기에 편승하여 황제 후보로 나선 사람은 다름 아닌 프랑스 왕 프랑수아 1세였다. 지금으로 보면 프랑스인이 독일인의 제국인 신성로마 제국의 황제가 될 수 없겠지만, 당시에는 가능했다. 국가라는 개념이 희박했고, 가문과 혈통이 우선되기 때문이었다. 프랑크 왕국이 분리된 지 700여 년이 지났지만 그때만 해도 동서 프랑크 왕국의 후예들인 독일과 프랑스 사이엔 아직도 희미한 연결고리가 남아있었다.

교황이 프랑수아를 밀자 일곱 선제후 중에서 마인츠, 쾰른, 트리어의 성직 선제후 세 명에다 세속 선제후인 팔츠 선제후마저 프랑스에 기울었다. 이대로 가다가는 프랑스인 신성로마 제국 황제가 출현할 판이었다. 이런 상황에서 카를을 구해준 사람은 믿음직한 후견인인 고모였다. 카를을 대신해서 부르고뉴 공국의 섭정을 맡고 있었던 그녀는 금융거부인 푸거Fuggers 가문과 벨저Welsers 가문으로부터 어마어마한 자금을 빌려왔다. 그리고 손 큰 고모는 선제후들에게 그 돈을 아낌없이 뇌물로 뿌렸다. 예나 지금이나 돈의 위력은 대단한가보다. 선제후들이 만장일치로 카를을 황제로 뽑았으니 말이다. 참고로 카를 측은 베네치아 금화로 85만 두카트Ducat를 뿌린 반면, 프랑수아 측은 30만 두카트에 그쳤다. 프랑수아는 카를과 겨룬 첫 번째 경쟁부터 녹아웃Knock-out 당했다. 하지만 더 큰 문제는 프랑스였다. 프랑스는 부르고뉴부터 시작하여 스페인과 이탈리아를 돌아 오스트리아와 신성로마 제국까지 이어진 카를의 제국에 의해 완전히 포위당한 형국이 된 것이다.

✦ 아우구스부르크Augsburg의 푸거라이Fuggerei에서

예나 지금이나 돈 많은 부자富者들이야 수없이 많겠지만, 그들 중에
서 돈을 돈답게 쓴 사람을 꼽으라면 아우구스부르크Augsburg 출신의
부호인 야코프 푸거Jakob Fugger the Rich를 들고 싶다. 상인이자 광산업
자, 은행가였던 푸거는 1459년, 이탈리아와의 직물거래로 막대한 부를
쌓은 가문에서 태어났다. 막강한 가문을 배경으로 푸거가 즐겨 쓴 축
재방법은 요즘 말로 말해 전형적인 '정경유착政經癒着' 방법이었다. 그런
푸거에게는 두 군데의 든든한 거래처가 있었다. 첫 번째 고객은 합스
부르크 가문이었다. 결정적인 순간마다 합스부르크 가문을 재정적으
로 지원했던 푸거는 막시밀리안 1세가 이탈리아 원정을 단행했을 때에

세계 최고世界 最古의 사회복지주택단지 푸거라이

는 원정비용을 전담했다. 후에 이탈리아 원정은 실패로 끝났지만 막시밀리안은 푸거에게 제국 백작 직위를 수여함으로써 그의 전폭적인 지원을 잊지 않았다. 그뿐만 아니라 푸거는 막시밀리안의 손자인 카를 5세의 선거자금을 대줌으로써 합스부르크가家가 제위를 지켜내는 데 결정적인 기여를 했다. 두 번째 고객은 교황청이었다. 당시 교황청은 성 베드로 성당 건립에 필요한 자금을 조달하기 위해서 면죄부를 발행하고 있었다. 여기서 푸거는 전국 각지에 산재해 있던 지점을 동원하여 면죄부를 판매하고 착실하게 이익을 챙겼다. 말하자면 교황청의 판매책 역할을 한 것이다. 그 때문에 후일 푸거는 종교개혁을 불러온 장본인 중 한 사람이라는 비아냥거림을 받기도 했다. 여기까지만 본다면 푸거는 그저 그런 부호였지만, 사실 그의 진면목은 따로 있었다. 푸거는 '개처럼 벌어서 정승처럼 써라.'라는 우리의 속담을 확실히 실천한 사람이었다.

쉰일곱 살이 되던 해인 1516년, 푸거는 고향인 아우구스부르크에 가난한 사람들을 위한 주택단지를 지었다. 가문의 이름을 따서 푸거라이Fuggerei라 불리는 이 '도시 안의 도시City -within-a-city'는 세계 최고世界最古의 사회복지주택단지Social housing complex였다. 167가구가 살고 있는 67동의 주택과 사무실 건물 등으로 구성된 푸거라이에는 지금도 사람들이 거주하고 있다. 그런데 입주자들의 1년 치 집세는 이 주택단지가 건립된 500년 전 이래로 동일한 금액인 단돈 1라인굴덴Rheinischer Gulden(약 1달러)이다. 그러니 푸거라이에 입주하려는 사람들이 많을 수밖에 없어서, 입주자들을 '복권 당첨자'라 부른다. 하지만 아무나 입주할 수 있는 것은 아니며 몇 가지 조건을 갖추어야 한다. 아우

야코프 푸거의 흉상

구스부르크에서 최소 2년 이상 거주하고, 60세 이상이며, 가톨릭교도
이고, 채무 없는 가난한 사람이어야 한단다. 사방이 담으로 둘러쳐 있
는 푸거라이엔 다섯 군데의 출입문이 있는데, 그 운영규칙이 재미있다.
매일 밤 10시에 문을 닫는데, 그 시간 이후로 출입하는 사람은 밤 12
시까지는 50센트, 밤 12시가 넘으면 1유로의 벌금을 내야 한다니 집세
에 비하여 배보다 배꼽이 훨씬 큰 셈이다. 1967년, 독일 정부는 독일
이 낳은 위대한 인물들을 모신 명예의 전당 발할라Walhalla에 야코프
푸거를 추서追敍했다. 푸거라이의 정원에 서있는 그의 반신 흉상은 우
리에게 이렇게 말하고 있는 듯하다. "돈이란 이렇게 쓰는 것이라오."

4.

1515년, 루이 12세의 뒤를 이어 왕위에 오른 프랑수아 1세는 즉위식에서 자신이 '프랑스 왕과 밀라노 공작'임을 천명했다. 선왕 루이 12세가 3년 전인 1512년 상실한 밀라노를 되찾겠다는 뜻을 밝힌 것이다. 당시 밀라노는 교황령, 스페인, 신성로마 제국과 동맹을 맺은 스위스가 실질적으로 지배하고 있었다. 이에 대항하여 프랑수아는 예전의 적인 베네치아와 동맹을 체결했다. 밀라노를 비롯한 롬바르드 지방을 되찾고 싶은 프랑스와 신성로마 제국에게 빼앗긴 베네토 지방을 되찾고 싶은 베네치아의 이해가 일치한 것이다. 그해 9월, 프랑수아는 밀라노에서 남동쪽 근교에 있는 마리냐노Marignano에서 스위스 군을 격파했다. 밀라노를 탈환한 프랑수아의 다음 목표는 교황령이었다. 프랑수아는 그동안 교황의 이이제이 정책에 휘둘려 이용만 당했던 분풀이를 하려 했다. 하지만 프랑스 왕은 '처음이자 마지막이 된 이탈리아에서 쟁취한 유일한 승리'를 어이없이 날려버린다. 노회한 교황의 술책에 이제 스물한 살 된 젊은 왕이 덜컥 걸려든 것이다.

중세 최고의 정치꾼인 교황은 젊은 프랑스 왕이 르네상스 문화의 열렬한 애호가라는 사실에 주목했다. 이에 교황은 레오나르도 다빈치, 미켈란젤로, 라파엘로 대표되는 3대 거장을 대동하고 프랑수아를 만났다. 혈기만 앞세운 촌뜨기 프랑스 왕을 현혹시키려는 교황의 교묘한 술책은 적중했다. 요즘 말로 인기 절정의 아이돌 스타Idol star에게 홀린 프랑수아는 교황과의 조약은 제쳐두고 이들에게 정신을 팔았다. 그들 중에서도 당시 예순네 살인 레오나르도 다빈치에게 반하여, 그의 후원자가 없다는 사실을 알고는 후원자를 자청했다. 훌륭한 저택과 두둑한 연금을 약속하며 같이 프랑스로 가자는 프랑수아의 제안을 받아들인 다빈치가 이때 가지고 간 작품이 저 유명한 〈라 조콘다La Joconde〉, 즉 〈모나리자Mona Lisa〉였다.

한편, 볼로냐Bologna 대성당에서는 이보다도 더 웃기는 일이 벌어졌다. 프랑스와 강화조약을 맺기 위해 볼로냐에 온 교황이 볼로냐 대성당에서 미사를 집전하는 자리에서 프랑스군 지휘관들은 너나 할 것 없이 교황 앞에 무릎을 꿇고는 잘못을 빌었다. "교황 성하께 반역한 죄인을 용서해 주십시오."라고 말이다. 이에 질세라 젊은 프랑스 왕은 한술 더 떴다. "저희 프랑스는 성하께 반역할 마음이 전혀 없었습니다. 다만 이렇게 된 데에는 전임 교황께서 저희를 아무런 이유 없이 박해하셨기 때문입니다."라며 묻지도 않은 변명을 늘어놓은 것이다. 남산 타워나 한강 유람선은 서울 토박이들보다 타지에서 온 관광객으로 붐비게 마련이다. 마찬가지로 그 당시 이탈리아 내에서는 별로였던 교황의 위세가 프랑스란 변방에서는 아직 살아있었다. 사정이 이렇다 보니 볼로냐 강화조약은 주인과 객이 바뀌어 체결되었다. 교황은 자기 것도 아닌 기왕에 점령당한 밀라노에 대해 선심 쓰듯이 프랑스의 권리를 인정해줬다. 대신 교황은 프랑스 국내의 성직 임명권을 챙겼는가 하면, 프랑스 왕에 대한 교황의 우위를 인정시켰다. '내가 이러려고 전쟁을 했나?' 할 정도로 젊은 프랑수아는 교황의 술책에 놀아났다.

✦ 볼로냐Bologna의 산 페트로니오 대성당Basilica di San Petronio에서

이탈리아 북부 에밀리아로마냐Emilia-Romagna주의 주도州都인 볼로냐 Bologna는 많은 별명이 있다. 세계 최초의 대학인 볼로냐 대학이 있어서 '현자들의 도시la dotta'로, 기름진 볼로냐 음식으로 유명해서 '뚱보들의 도시la grassa'로, 붉은 벽돌 건물이 가득한 도시 외관 때문에 '빨간 도시la rossa'로도 불린다. 나는 이런 볼로냐를 '주랑柱廊arcade의 도시'라 부르고 싶다. 구시가지는 총 길이가 무려 35㎞에 달하는 각양각색의 주랑으로 연결되어있다. 볼로냐 시내를 걷다 보면 이 동네에서 우산 장사하다가는 굶어 죽기 딱 알맞겠다는 생각이 절로 든다. 그런데 '빨간 도시'라는 별명답게 오렌지색이 넘치는 시내에서 유독 거무스름한

볼로냐의 아케이드 거리

벽돌을 그대로 드러낸 건물이 있다. 시내에서 제일 넓은 마조레 광장 Piazza Maggiore에 우뚝 서 있는 산 페트로니오 대성당Basilica di San Petronio이 그렇다.

폭 66m, 길이 132m, 높이 51m의 볼로냐 대성당, 일명 산 페트로니오 대성당은 유럽에서도 열 손가락 안에 들 정도의 웅대함을 자랑한다. 1390년에 착공되었지만 1659년에 공사가 중단되었다는 이 성당의 특징은 정면 파사드façade에 있다. 파사드의 하부에서 중간까지는 흰색과 핑크색 대리석으로 장식된 멀쩡한 모습인 반면에, 그 위 상부는 대리석 장식 없이 벽돌로 쌓은 벽이 그대로 드러나 있다. 이런 상태로 몇백 년을 버티다가 이제야 뒤늦게 파사드 상부 공사를 마치려고 모금 운동에 나선 데에는 재미있는 사연이 있다.

일찌감치 6세기경부터 교황령에 속했던 볼로냐가 도시 자치권을 인정받은 때는 12세기경이었다. 전통적으로 교황을 지지했던 볼로냐는 교황과 황제와의 다툼에서 항상 교황 편을 들었다. 교황령 내에서 로마 다음으로 큰 도시였던 볼로냐는 한편으로는 친親 교황 도시였지만, 또 한편으로는 자치권을 지키려 애썼다. 그 일환으로 볼로냐 시의회는 시市의 수호성인인 성 페트로니우스Saint Petronius를 기리는 성당을 건립하기로 결정했다. 그런데 문제는 성당 건립을 가톨릭 교구diocese가 아닌 시commune가 주도했다는 데 있었다. 자신들의 부와 권력을 뽐내고 싶었던 볼로냐 시의회는 로마의 성 베드로 성당을 능가하는 규모의 볼로냐 대성당을 지으려 한 것이다. 이렇게 되자 교황의 입장이 난처해졌다. 가톨릭의 총본산인 베드로 성당보다 더 큰 성당을 건립하겠다는 꼴을 어떻게 눈뜨고 지켜보겠는가? 결국 당시 교황 피우스 4세 Pius Ⅳ(재위: 1559~1565년)의 만류와 강압에 굴복한 볼로냐 의회는 자신들의 계획을 포기하고 말았다. 하지만 그 때문에 생긴 교황에 대한 반감은 억제할 수 없었나 보다. 공사를 하다 말고 수백 년 동안이나 보란 듯이 그대로 방치해놓았으니 말이다. 후일담이지만 이 성당은 1929년에 와서야 가톨릭 교구 소속으로 넘어갔고, 1954년이 되어서야 봉헌식을 거행할 수 있었다. 프랑수아가 교황에게 놀아났던 현장인 볼로냐 대성당은 최근에는 이슬람 극단주의자들의 공격대상이 되기도 했다. 성당 내부에 이슬람교의 창시자 무함마드, 일명 마호메트가 지옥에서 고통받는 모습을 그린 프레스코화가 있기 때문이다.

볼로냐의 산 페트로니오 대성당

돌이켜보면 중세 교황은 가톨릭의 수장首長인 동시에 교황령이란 봉건국가의 대영주大領主였다. 이런 교황은 성속聖俗 양쪽에서 여러 도전을 받을 수밖에 없었다. 교황령이라 해서 모두가 교황에게 고분고분한 것도 아니었다. 로마 내에서는 전통적인 로마 귀족가문들과 싸워야 했고, 로마 밖에서는 교황령 내 여러 도시들과 다투어야 했다. 세속국가의 왕들이 제후들 때문에 골머리를 앓듯이, 대영주인 교황도 교황령 내의 소영주들 때문에 마음고생이 많았다. 과연 그 옛날 로마 제국을 '악의 제국'으로 몰아붙였던 교황이 주인인 교황령 국가는 '지상 천국'이었을까? 그 어떤 서적이나 자료에도 그렇다는 기록이 없으니 그 또한 참으로 희한한 일이 아닐 수 없다.

5.

1520년, 아헨 대성당에서 카를 5세의 황제 대관식이 거행되었다. 그 때쯤이면 로마에서 대관식이 거행되던 전통이 깨지고, 샤를마뉴의 고향인 아헨이 로마를 대신했다. 수많은 사람들이 새로운 황제의 즉위를 축하하는 중에 유독 한 사람이 칼을 갈고 있었다. 그는 다름 아닌 카를에게 시기심과 경쟁심, 그리고 경계심을 품고 있던 프랑수아였다. 카를에 대한 강박관념이 강했던 프랑수아는 '얻어맞기 전에 먼저 때린다.'라는 심정으로 전쟁 준비를 서둘렀다.

1521년, 프랑수아는 스페인의 영향력 하에 있는 나바라 왕국을 점령하면서 카를에게 선공을 가했다. 하지만 카를의 반격으로 프랑스의 침공 작전은 간단히 실패하고 말았다. 이번에는 카를의 차례였다. 그해 말 카를은 프랑스가 장악하고 있던 밀라노를 함락시킨 후, 인근의 롬바르드 도시들까지 탈취했다.

1522년, 프랑수아가 반격에 나섰지만 카를에게 또다시 패배하면서 프랑스는 결국 밀라노를 상실하고 말았다. 프랑수아는 공연히 카를을 건드려서 '혹 떼려다 혹 붙인' 꼴이 된 셈이었다. 더 나쁜 일은 신성로마 제국과 동맹을 맺은 잉글랜드가 싸움판에 뛰어든 것이다. 백년전쟁 이후 프랑스에서 쫓겨난 잉글랜드는 틈만 나면 프랑스에 시비를 걸었다. 그런 차에 동맹을 맺은 카를이 프랑스를 협공하자고 제안하자 잉글랜드는 신바람이 났다.

1523년, 잉글랜드와 신성로마 제국 연합군은 프랑스 북부지방을 휩쓴 후 파리에서 불과 80㎞ 떨어진 지점까지 밀고 들어갔다. 백년전쟁 이래 파리는 또다시 적에게 점령당할 위기로 내몰렸다. 하지만 결정적인 순간에 카를은 갑자기 철수해버렸다. 자신의 핏속에 희미하게 남아 있는 프랑스의 피가 생각나서 인정을 베풀었을까? 아니면 프랑스보다 더 까다로운 잉글랜드를 경계해서였을까? 동맹군이 철수하자 혼자서는 역부족인 잉글랜드도 물러서는 통에 프랑스는 위기를 모면할 수 있었다. 여담이지만 독일이 프랑스에 베푼 인정은 제2차 세계대전 때 쉬농소Chenonceau성의 일화에서도 볼 수 있다.

✪ 쉬농소성Château de Chenonceau에서

'프랑스의 정원'으로 불리는 루아르Loire 계곡에 산재해있는 아름다운 고성古城들 중에서도 쉬농소Chenonceaux성城은 백미白眉라 할 만하다. 루아르Loire강의 지류인 셰르Cher강을 가로질러 서 있는 쉬농소성은 흡사 우아한 백조 한 마리가 강 위에 내려앉은 형상이다. 본래 물방앗간 터였던 이곳에 성이 들어선 시기는 1522년으로 거슬러 올라간다. 성이 완공된 후 강을 가로지르는 다리가 놓였고, 그 다리 위에 회랑gallery을 만들어 성과 연결함으로써 현재의 모습이 되었단다. 방어용 성城이라기보다는 호화로운 저택邸宅에 가까운 쉬농소성은 한때 프랑수아 1세가 소유하여 귀족들의 무도회장으로도 애용되었던 곳이다. 이렇게 호사스러운 쉬농소 성이지만 양차兩次 세계대전 당시에는 온몸

백조처럼 우아한 쉬농소성城

으로 국난國難을 이겨낸 산중인이기도 하다.

제1차 세계대전 당시 쉬농소성은 메니에르 가문Ménière family이 소유하고 있었다. 현재 네슬레 회사Nestlé company의 소유주이기도 한 메니에르 가문은 전시戰時 중에 사재私財를 털어 쉬농소성을 병원으로 개조했다. 덕분에 20,000명 이상의 부상자들이 이 병원을 거쳐 갔다니, 메니에르 가문이야말로 '노블레스 오블리주Noblesse oblige'를 실천한 진정한 귀족이라 할 만하다. 그런 쉬농소성이 제2차 세계대전 때에는 더 극적인 상황에 직면했었다. 세르Cher강을 경계로 강 건너편은 독일군의 점령지역으로, 강 이편은 비점령지역으로 나뉘었던 것이다. 이 때문에 길이 60m의 회랑은 레지스탕스들의 도움을 받아 독일군의 점령지역에서 프랑스 쪽의 비점령지역으로 도피하는 사람들의 통로가 되었다. 물론 독일군도 이 사실을 알았기에 이 아름다운 성을 폭파시키

쉬농소성城의 회랑

려 했지만 실행으로까지 옮기지는 않았다. 만약에 상대가 프랑스가 아닌 영국이었다면 독일이 이 같은 인정을 베풀었을까? 적군敵軍인 독일군이 인정을 베푼 이 성은 정작 전쟁이 끝나갈 무렵인 1944년, 아군我軍인 연합군의 폭격으로 상당 부분 파괴되었다니 참으로 아이러니한 일이 아닐 수 없다.

1524년, 한숨 돌린 프랑수아는 밀라노를 되찾기 위해 다시 이탈리아 원정에 나섰다. 초반에 기선을 제압한 프랑스군은 손쉽게 밀라노를 탈환한 다음 밀라노 인근에 있는 파비아Pavia로 몰려갔다. 하지만 파비아성을 수비하던 합스부르크군은 악전고투 속에서도 완강하게 버티며 지원군을 기다렸다. 공성에 실패한 프랑스군이 포위전으로 전략을 바꾸는 사이에 해가 바뀌고, 1525년 초에 카를이 보낸 지원군이 파비아에 도착했다. 마침내 양군兩軍은 파비아성을 놓고 격돌했다. 하지만 파비아 전투는 격돌이랄 것도 없이 프랑스의 일방적인 참패로 끝났다. 12,000명이나 사상자를 낸 프랑스 측에 비해 합스부르크 측은 고작 500명에 불과했다. 프랑스의 불행은 거기서 그치지 않았다. 프랑스 왕이 적군에게 생포된 것이다. 프랑수아는 백년전쟁 당시 선량왕 장Jean le Bon에 이어 적군의 포로가 된 두 번째 프랑스 왕이 되었다. 도대체 프랑스군에게 무슨 문제가 있었기에 이런 결과가 나왔을까? 이번에도 프랑스는 상대방의 새로운 전술과 신무기에 맥없이 당했다. 백년전쟁 당시 장궁長弓으로 무장한 잉글랜드에게 호되게 당했듯이, 파비아 전투에서는 총포란 신무기를 앞세운 카를의 지원군에 참패했다. 카를의 지원군에는 합스부르크 군뿐만 아니라 레콘키스타에서 잔뼈가 굵은 스페인 용병대와 독일 용병대까지 동원되었다. 그들 중에서도 화승총으로 무장한 스페인 용병대의 위력은 대단했다. 화승총 세례 앞에 전통을 자랑하던 프랑스 기병대와 세상에 두려울 것 없다던 스위스 용병대는 간단히 무너졌다.

생포된 프랑수아는 마드리드로 끌려갔다. 프랑수아는 '시저Caesar'라며 평생 자신을 떠받든 모후에게 당시의 심정을 토로한 편지를 보냈다. "제가 어떠한 불행을 당했는지 알려드립니다. 제게는 아직 명예와 목숨이 남아있습니다만, 그것을 지키기 위해 다른 모든 것을 잃어버렸습니다." 반면에 생각지도 않게 프랑스 왕을 생포한 카를은 의기양양해졌다. 이번 기회에 향후 프랑스가 더 이상 대들지 못하게 하고 싶었던 카를은 프랑수아와의 면담을 거절하고는 롬바르디아와 부르고뉴, 프로방스를 포기하라고 강압했다. 하지만 프랑수아는 선량왕 장과는 달랐다. 그는 프랑스에 불리한 조약을 체결하느니 차라리 감옥에서 죽겠다며 버텼다. 이때부터 프랑수아의 막무가내식 '배 째라' 전략이 나온다. 카를과의 면담을 거절당한 프랑수아는 아예 자리에 누워버렸다. 카를이 어의御醫를 보내자 프랑수아는 어의에게 떼를 써서 기어코 카를을 만났다.

> 프랑수아: "내 병은 황제를 만나지 못한 슬픔 때문에 생긴 것이니, 황
> 제를 만나기만 하면 곧 나을 것이요."
> 카를: "그래요? 어의 말이 그렇다 하기에 그대의 소원대로 이렇게 왔소.
> 하지만 내 요구를 들어주지 않으면 절대 그대를 풀어줄 수 없소."

프랑수아: "그렇다면 짐朕은 장남에게 왕위를 물려주고, 이곳 마드리
드에서 생을 마칠 수밖에 없구려."

1526년 1월, 신성로마 제국과 프랑스 사이에 체결된 마드리드의 조약의 주요 내용은 다음과 같았다. 첫째, 이탈리아와 플랑드르에 대한 프랑스의 모든 권리를 포기하고 부르고뉴를 신성로마 제국의 영토로 인정한다. 둘째, 프랑수아의 세 아들 중 장남과 차남을 인질로 보낸다. 마드리드 조약은 이제 서른 살도 안 된 젊은 왕이 옥사獄死를 각오하며 버티자, 깜짝 놀란 프랑스 귀족들이 오히려 프랑수아를 설득하여 맺은 조약이었다. 그들은 왕께서 프랑스를 수호하다 옥사하시느니 차라리 이를 악물고 카를의 요구 조건을 받아들이라며 프랑수아를 설득했다. 마드리드 조약이 체결된 후 프랑수아는 일 년 넘는 감옥생활 끝에 풀려났다. 하지만 파리로 돌아오자마자 프랑수아는 마드리드 조약이 무효임을 선언했다.

"마드리드 조약은 무효다. 짐의 자유의사가 아닌 오만한 스페인 왕
카를로스의 협박과 강압에 의해 체결되었기 때문이다. 따라서 위대한
프랑스 왕인 짐은 마드리드 조약을 지키지 않을 권리가 있다."

마드리드에서는 카를을 '황제'라 부르더니, 파리로 돌아와서는 '스페인 왕'으로 바꿔 부르는 프랑수아의 돌변된 모습이 재미있다. 일부러 '카를'을 스페인식 이름인 '카를로스'로 호칭한 데에서도 절대로 기죽지 않으려는 그의 오기가 엿보인다. 일방적으로 조약파기를 선언한 프랑수아는 카를에 대항할 친구를 찾아 나섰다.

6.

이탈리아에서 프랑스가 쫓겨난 후 합스부르크의 천하가 되자, 지금까지 돌려막기 식으로 세력균형정책을 취했던 교황도 더 이상은 답이 없어졌다. 합스부르크의 독주 앞에 위기감을 느끼기는 베네치아, 피렌체, 밀라노도 마찬가지였다. 이에 이들은 1526년 프랑스와 함께 합스부르크에 대항하는 코냑Cognac 동맹을 결성했다. 하지만 이들은 이미 카를의 상대가 아니었다. 간단히 밀라노를 제압한 합스부르크 군은 1527년 로마로 진격했다. 르네상스 시대의 종말을 가져온 '로마 약탈'은 이때 일어났는데, 폭도로 변한 용병대에 의해 로마는 그야말로 쑥대밭이 되었다. 고대로부터 내려오던 수많은 유적지들이 파괴되었는데, 이때의 파괴 규모는 네로 황제가 저지른 로마 대화재를 능가했다고 한다. 카를은 "교황의 신병을 확보하랬지, 내가 언제 로마를 파괴하고 약탈하라고 했냐?"면서 발뺌했다. 하지만 속으로는 교황을 산탄젤로Sant 'Angelo성에 몰아넣어 사실상 유폐시킨 데에 만족했다고 한다. 이로써 교황령은 '로마 약탈' 사건을 계기로 사실상 멸망하고 스페인의 속국으로 전락했다. 손바닥만 한 교황령을 지키려고 이탈리아를 통합하려는 어떠한 움직임도 반대해왔던 교황은 결국 자신조차도 지키지 못한 꼴이 되었다.

교황령을 제압한 카를은 프랑스를 또다시 격파하여 아예 이탈리아에서 발을 빼게 만들었다. 이제 코냑 동맹에는 달랑 베네치아 공화국과 피렌체 공화국만 남게 되었다. 1529년, 합스부르크 군의 침공에 맞선 피렌체는 고립무원 속에 일 년여를 버티다 결국 항복하고 말았다.

카를은 새로운 피렌체 공작을 임명하여 피렌체 공화국을 피렌체 공국으로 바꿔버렸다. 이로써 이탈리아반도에 할거했던 5대 강국 중에 베네치아 공화국을 제외하고는 모두 역사의 주체에서 사라졌다. 그나마 홀로 남은 베네치아도 이제 더 이상 카를을 위협할 수 없었다. 베네치아는 자기 한 몸 지키기도 바쁜 터에 해상 방면으로 세력을 뻗쳐오는 오스만 제국에 대응해야 했다.

교황령을 비롯한 이탈리아 도시국가들이 합스부르크 제국으로 넘어간 뒤에도 프랑수아는 포기하지 않고 이탈리아 진출을 노렸지만 그때마다 카를에게 막혀 실패로 끝났다. 이제 혼자 힘으로는 도저히 카를에 대적할 수 없게 되자 프랑수아는 과연 프랑스 왕다운 발상의 전환을 꾀했다. '가톨릭 세계의 장남'인 프랑스가 '이슬람 세계의 종주국'인 오스만 제국과의 동맹을 추진한 것이다. 1537년, 프랑스와 오스만 제국 사이에 맺어진 동맹은 오스만 제국보다는 프랑스가 더 절실히 원해서 성사된 동맹이었다. 물론 오스만 제국의 입장에서도 멀리 있는 프랑스보다는 발칸 지방과 지중해를 사이에 두고 충돌하던 합스부르크 제국이 주적主敵이긴 했지만 말이다. 하지만 당시 최강을 자랑하는 오스만 제국은 프랑스의 도움 없이도 얼마든지 합스부르크 제국을 상대할 수 있었다. 아쉬운 프랑스는 오스만 제국을 동맹으로 끌어들이기 위해 온갖 정성을 다해야 했다.

✪ 앙부아즈성Château d'Amboise에서

루아르Loire 계곡에 있는 성城들 중에서 쉬농소Chenonceau성이 여성미를 대표한다면, 앙부아즈Amboise성은 남성미를 대표한다. 셰르강에 다소곳이 숨어있는 쉬농소와는 달리 앙부아즈는 루아르강 변 높이 솟아오른 언덕 위에 당당히 서 있다. 한눈에 주변을 둘러볼 수 있는 전략적 요충지에 위치한 앙부아즈성의 원原 소유주는 앙주Anjou 가문이었다. 그러나 백년전쟁을 종결시킨 샤를 7세Charles Ⅶ 때 앙주 백작이 반란을 일으키자, 샤를 7세는 이 성을 빼앗아 프랑스 왕가로 귀속시켰다. 그 이후로 앙부아즈성은 발루아 왕조의 왕들이 즐겨 머무는 거성居城이 되었다. 특히 샤를 7세의 아들이자 이탈리아 원정을 개시했던 샤를 8세Charles Ⅷ(재위: 1483~1498년)는 이곳에서 나고, 이곳에서 죽

요새처럼 굳건한 앙부아즈성城

었다. 앙주 가문이 소유했을 당시 요새에 가까웠던 앙부아즈성은 샤를 8세 때 대대적인 개축을 통해 화려한 거성으로 바뀌었다.

앙부아즈성을 프랑스 내에서 손꼽히는 르네상스 양식의 건축물로 개축한 사람은 르네상스 문화를 동경한 프랑수아 1세François I였다. 레오나르도 다빈치를 초청한 프랑수아는 앙부아즈성 근처에 있는 클로 뤼쎄Clos Luce란 저택을 그에게 하사했다. 프랑수아가 다빈치를 얼마나 좋아했는지는 앙부아즈성과 클로 뤼쎄 사이를 지하 통로로 연결하게 하여 수시로 오갔다는 말이 떠돌 정도였다. 그런 인연으로 앙부아즈성 예배당 안에는 레오나르도 다빈치의 유해가 묻혀있고, 정원에는 그의 흉상이 세워져 있다. 하지만 정원 안에는 다빈치의 무덤보다 더욱 흥미로운 무덤이 있다. '가톨릭의 장남'인 프랑스 국왕의 거성 안에 생뚱맞게도 무슬림의 무덤이 있는 것이다. 그것도 한두 기基가 아닌 스물다섯 기基씩이나 말이다.

앙부아즈성城 안에 안치된 무슬림의 무덤

이슬람의 상징인 초승달 표지標識가 뚜렷한 이 무덤의 주인들은 누굴까? 그들은 19세기 초 프랑스의 알제리Algeria 침략에 항거하다 붙잡혀 온 알제리 태수Emir의 가족과 수행원들이었다. 1830년, 프랑스가 당시 오스만 제국의 속국이었던 알제리를 침략하자, 알제리 태수 알 카디르는 프랑스에 격렬하게 저항했다. 수피Sufi파派 율법학자이기도 한 그는 한동안 프랑스군을 곤경에 빠뜨릴 정도로 유능한 군사 지도자였다. 하지만 통일된 세력이 없었던 알 카디르의 저항은 한계에 부딪쳐 1847년, 프랑스에 항복했다. 프랑스 정부는 그를 알렉산드리아Alexandria나 아크레Acre로 보내주겠다는 약속을 파기하고 프랑스로 끌고 와서 앙부아즈성에 유폐시켰다. 기록에 의하면 당장의 약속은 어겼지만 프랑스는 알 카디르에게 많은 공을 들인 듯하다. '왕자들 중에 성인이요, 성인들 중에 왕자Saint among the Princes, the Prince among the Saints'라는 명성을 듣는 그를 시종일관 깍듯하게 대우했고, 1852년에는 그의 희망대로 다마스쿠스Damascus로 보내주었으니 말이다.

앙부아즈성 정원 한구석에 남아있는 무슬림들의 무덤은 프랑스의 '융통성'을 단적으로 말해준다. 독일 왕들과는 달리 프랑스 왕들에게서는 소위 '광신적인 왕'을 찾아보기 힘들다. 그들에게 종교란 '효율적인 통치의 도구'였지, 목숨 걸고 지켜야 할 '최고선最高善'이 아니었다. 이런 전통이 후손들에게 계승되었던지, 국익을 위해서라면 조상들의 거성 안에 이교도인 무슬림들의 무덤조차 용납할 수 있었던 것이다. 하긴 오스만 제국과 동맹을 맺은 프랑수아 1세는 그보다 더했지만 말이다. 1543년, 동맹국인 오스만 제국의 함대를 지중해 해변에 면해있는 항구

도시인 툴롱Toulon으로 초청했을 때의 일이었다. 당시 오스만 제국의 지원이 절실히 필요했던 프랑수아는 그들의 환심을 사려고 독일 왕이라면 도저히 상상도 할 수 없는 조치를 취했다. 30,000명에 달하는 오스만 제국 함대 승무원들을 위하여 툴롱 대성당을 이슬람 사원인 모스크mosque로 개조하면서 동시에 주민들을 내륙으로 소개疏開시켜버린 것이다. 이쯤 되면 카를도 프랑수아의 집념에 질리지 않았을까?

1537년, 프랑스와 오스만 제국은 합스부르크 제국을 상대로 양면작전을 펼쳤다. 초반에 육지에서는 프랑스가 동쪽으로 진격해왔고, 바다에서는 오스만 제국이 이탈리아 남부 도시인 오트란토Otranto에 상륙했다. 하지만 이들의 합동 전선은 합스부르크 제국의 방어벽에 막혀 이렇다 할 성과를 내지 못했다. 거듭된 전쟁 때문에 프랑스는 재정이 거덜 났고, 오트란토에 상륙한 오스만 제국도 얼마 버티지 못하고 철수해야 했다. 합스부르크 제국도 두 강대국을 상대로 한 전쟁을 계속해서 수행할 수는 없었다. 결국 이듬해인 1538년, 벌써 20년 가까이 싸워 온 프랑수아와 카를은 니스Nice조약을 체결했다. 어언 마흔네 살이 된 프랑수아와 서른여덟 살이 된 카를은 서로 얼굴조차 보기 싫어했다. 그래서 이들은 각자 다른 방에 앉아서는 교황을 메신저 삼아 협상을 벌였다. 지금까지 그랬듯이 카를로부터 얻은 게 아무것도 없이 빈손으로 돌아선 프랑수아는 물론이고, 이제는 메신저 신세로 전락한 교황도 처량하긴 마찬가지였다.

그로부터 9년이 지난 1547년, 프랑수아 1세는 쉰세 살의 나이로 세상을 떴다. 죽기 전까지 프랑수아는 카를의 합스부르크 제국을 물고 늘어졌지만 이룬 것은 아무것도 없었다. 엄청난 전비戰費를 쏟아부은 이탈리아 원정은 실패했고, 그가 세운 수많은 성채와 저택은 국가 재정을 고갈시켰다. 굳이 그의 업적을 꼽는다면 문예의 보호자로서 프랑스의 르네상스를 이끈 정도였을까? 파비아 전투에서 보듯이 그는 싸움에도 능하지 못한 범상한 군주였다. 그런 그가 지금도 프랑스인들이 좋아하는 역대 프랑스 왕들 중에서 한두 손가락 안에 꼽히는 이유는 무엇일까? 여기엔 프랑수아만이 가지고 있는 두 가지 매력 때문일 것 같다.

첫 번째는 공公과 사私를 철저히 구분한 그의 공인의식公人意識이다. 치욕스러운 포로의 몸이 되기는 프랑수아나 선량왕 장이나 마찬가지였다. 나라의 재정이 휘청거릴 만큼 엄청난 배상금을 지불한 것도 똑같았다. 또한 두 사람 모두 시대착오적인 기사도에 심취해 있었다. 그러나 비록 영어囹圄의 몸이지만 국왕으로서 신민臣民들에게 던진 메시지는 정반대였다. 장은 잉글랜드와의 신사협정에 집착한 나머지 국왕으로서의 직분을 망각했다. 영토를 할양하기로 한 브레티니 조약을 지키지 못하겠다는 아들 샤를을 질책한 장은 과연 어느 나라 왕인지 모르겠다. 자신의 명예만을 고집한 장은 국왕이 아닌 기사로 남았어야 했다. 똑같은 상황에서 프랑수아는 어땠을까? 영토할양을 요구하는 카를에게 차라리 감옥에서 죽겠다고 버텼다. 보다 못한 프랑스 귀족들이 오히려 카를의 요구를 들어주자고 프랑수아를 설득할 정도였다. 버티던 끝에 조약에 서명은 했지만 프랑수아는 다음과 같이 말했다. "감옥에 갇혀 있는 기사의 말과 서명은 의미가 없으며, 왕국 분할은 내 권한 밖의 일이다." 이로써 프랑수아는 후에 자신의 말을 뒤집을 수 있는 근거를 확보했다. 똑같이 실력은 없지만, 마음가짐이 이렇게나 다른 두 왕을 바라보는 신민들의 마음이 어떠했을까?

두 번째는 프랑수아의 타고난 개인적 매력이다. 대외 정치와 재정 부문에서 실패를 거듭한 프랑수아였지만, 호탕하면서도 너그러운 성격 탓에 당시에도 '유쾌한 왕'이라는 평가를 받았다. 심지어 너무 열정적인 성격 때문에 국왕이란 신분에 걸맞지 않은 행동을 하는 경우도 있었다. 생면부지의 백성들을 만나며 끊임없이 국내를 돌아다니는 중에 즉흥적으로 감옥에서 죄수들을 풀어주기도 했다. 백성들에게 통큰 선심을 썼고, 그들을 보호하기 위하여 귀족들의 사법권 남용을 근절시켰다. "나의 친구여, 나의 사랑하는 이여"라며 백성들에게 다가서는 그를 누가 싫어하겠는가? 프랑수아가 백성들에게 얼마나 사랑을 받았는지는 그의 몸값을 치르기 위해 그들이 자발적으로 성금을 모금한 사실에서도 알 수 있다. 당시 직물 짜는 어느 여공女工은 국왕의 석방을 위해 주야를 가리지 않고 열심히 일하면서 다음과 같이 중얼거렸다고 한다. "그분은 만인이 우러러보는 우리의 사치품이야. 우리는 오직 그분을 통해서만 꿈을 꿀 수 있지!"

7.

30년 가까이 자신의 발목을 잡았던 프랑수아가 사라진 후 카를은 어땠을까? 카를은 프랑수아가 죽은 뒤 11년이 지난 1558년, 쉰여덟 살의 나이로 세상을 떴다. 역사상 어느 누구보다도 많은 유산을 물려받은 행운아로 평생의 숙적이 없어진 마당에 그에 걸맞은 업적을 이루지 않았을까? 사실 외형적으로만 본다면 카를 5세는 샤를마뉴 대제나 나폴레옹에 비견될 만큼 광대한 영토를 통치했다. 합스부르크 왕가는 그의 시대에 극성기極盛期를 구가했다. 그럼에도 불구하고 역사에 각인된 카를 5세의 존재감은 의외로 작다. 영토만 놓고 본다면 능히 대제大帝로 불릴 만도 하건만 그에겐 그런 칭호가 없다. 왜 그럴까?

첫 번째, 영토 확장이라는 측면에서 카를 자신이 이룬 성과는 거의 없었다. 샤를마뉴나 나폴레옹은 물려받은 영토가 아닌 광대한 영토를 정복하여 제국을 건설한 입지전적인 인물이었다. 그러니 상속받은 영토 지키기에 급급했던 카를을 어떻게 이들과 같은 항렬에 넣을 수 있겠는가? 이에는 물론 신성로마 제국이 안고 있던 구조적인 문제가 크긴 했다. 황제가 된 지 2년 후인 1521년, 카를 5세는 동생인 페르디난트 1세에게 합스부르크 가문의 대표 작위爵位인 오스트리아 대공위大公位를 물려주고, 그를 황제의 대리인으로 지명하여 독일 통치를 위임했다. 따라서 1521년 이후 신성로마 제국의 실질적인 통치는 페르디난트 1세에 의해 이루어졌다. 대신 카를 5세는 스페인 및 스페인이 영유하고 있던 시칠리아와 나폴리 왕국, 그리고 부르고뉴 공국 경영에 전념했다. 따라서 프랑수아와의 싸움에서 카를이 동원한 주력부대는 스페인군을 중심으로 한 용병대였다. 신성로마 제국 내의 여타 영방들의 지원은 거의 받지 못했으며, 합스부르크 왕가의 오스트리아군도 페르디난트 1세의 협조하에 제한적으로 받았을 뿐이다. 평생의 숙적인 프랑수아를 결정적으로 패배시키지 못한 이유도 여기에 있다. 하지만 이런 점을 감안해도 카를 5세 역시 프랑수아 1세와 마찬가지로 이름값에 비해 뛰어난 명군名君은 아니었다. 만약에 샤를마뉴나 나폴레옹이 카를만큼의 영토를 상속받았다면 카를과는 비교할 수 없는 성과를 냈을 것임에 틀림없다.

두 번째, 카를이 대제가 될 수 없었던 보다 근본적인 원인은 그의 종교관에서 찾을 수 있다. 어린 시절부터 신앙심이 독실했던 그는 치세 기간 중에 종교개혁이라는 거대한 흐름에 휘말렸다. 1517년, 마르틴 루터Martin Luther의 '95개조 반박'으로 시작된 종교개혁은 급물살을 타며 전 유럽으로 확산되어갔다. 그로부터 4년 뒤인 1521년, 카를은 신성로마 제국 황제로서 루터를 보름스Worms 회의에 소환했다. 처음에 카를은 루터의 개혁사상을 '수사들 간의 토론' 정도로 가볍게 여겼다. 이에 젊은 황제는 루터에게 종교 개혁과 관련된 주장을 모두 철회하라고 요구했다. 하지만 루터는 단 한 자字도 고칠 수 없다며 버텼다. 회의장의 분위기는 험악해졌고, 그 자리에서 루터를 잡아 죽이자는 의견이 들끓었다. 하지만 황제는 그 의견을 받아들일 수 없었다. 사전에 루터의 보호자인 작센 선제후가 황제에게 루터의 신변보호를 약속해달라고 요청했고, 황제가 이를 받아들였기 때문이었다. 훗날 카를은 "루터는 악마의 하수인이기 때문에 그 약속은 지키지 말아야 했다!"라고 후회했지만, 이미 버스는 지나간 후였다. 보름스 회의가 끝난 뒤 카를은 루터를 이단자로 선고하고, 그의 저서를 소각할 것과 그를 따르는 자를 모두 엄벌에 처할 것 등을 포고했다. 하지만 직할 영지 이외의 영토에서는 황제에게 행정권이 없었기 때문에, 카를은 루터를 체포할 수 없었다. 아무리 황제라 해도 작센 선제후령에 있는 루터를 어찌해볼 수 없다는 사실이 신성로마 제국의 현주소였다.

✦ 아우구스부르크 시청사 황금의 방Goldener Saal에서

독일 바이에른주州의 도시인 아우구스부르크Augsburg의 기원은 B.C. 15년 로마 제국의 초대 황제인 아우구스투스 때 로마군단이 이곳에 주둔하면서부터였다. 아우구스투스 황제에게서 도시 이름이 유래된 아우구스부르크는 1985년에 도시 2,000주년을 맞은 독일의 대표적인 고도古都다. 하지만 도시의 역사에 비해 시내에는 유서 깊은 건물들을 찾아보기 어렵다. 대성당과 시청사, 푸거라이를 비롯한 역사적인 건물들이 제2차 세계대전 때 참화慘禍를 입었기 때문이다. 그중에서 최근에 복원된 시청사는 본래 1624년에 완공된 독일 최초의 6층 건물이었다. 신성로마 제국의 상징인 쌍두독수리 문양으로 장식된 정면 파사드

아우구스투스 동상과 아우구스부르크 시청사

가 돋보이는 시청사에는 독일의 역사를 압축적으로 보여주는 '황금의 방Goldener Saal'이 있다.

2.6kg의 황금으로 천정과 벽을 장식했다는 황금의 방에 들어서면 독일답지 않은 화려함에 놀라게 된다. 길이 32.5m, 폭 17.5m, 높이 14m의 황금의 방은 1624년 완공된 후 300여 년 동안 잘 보존되어오다가 1944년 대공습 시 파괴되었다고 한다. 1964년 복원된 황금의 방은 천정을 빼곡히 채운 그림도 그림이려니와, 로마 제국과 신성로마 제국 황제들의 벽화가 줄줄이 그려져 있는 황금빛 가득한 벽면이 볼만하다. 벽화는 양쪽 벽면에 8명씩, 총 16명을 각각 비기독교도 황제와 기독교도 황제별로 대비해 놓았다. 북쪽 벽면의 비기독교도 황제 측은 카이사르를 위시하여 아우구스투스, 티베리우스, 아우렐리우스 등이 있고, 남쪽 벽면의 기독교도 황제 측은 콘스탄티누스 황제를 위시

시청사 안의 '황금의 방'

하여 샤를마뉴 대제, 오토 대제, 프리드리히 1세 순으로 도열해있다. 그중에서 특히 카이사르와 카를 5세의 초상화 위에 적혀있는 문구가 재미있다. 카이사르의 초상화 위에는 우리도 잘 알고 있는 '왔노라, 보았노라, 이겼노라!VENI, VIDI, VICI!'란 명언이 적혀있다. 반면에 카를 5세의 초상화 위에는 여기에 한 자를 더한 '왔노라, 보았노라, 신께서 이겼노라!VENI, VIDI, DEUS VICIT!'란 문구가 적혀있다. 카를 5세를 이보다 더 간결하게 표현할 수 없을 명언을 보며 프랑스 왕들과는 확연히 다른 독일 왕들의 특징을 생각해본다.

종교에 대해 유연했던 합스부르크 왕가의 초대 황제 루돌프 1세와는 달리 언제부턴가 합스부르크가家의 사람들은 하느님의 섭리를 지상에서 실현해야 할 신성한 의무가 자신들에게 부여되었다고 믿었다. 그들 중에서도 특히 카를 5세와 그의 아들인 스페인 왕 펠리페 2세는

수도원처럼 보이는 엘 에스코레알

거의 광적이라 할 만큼 경직된 종교관을 가지고 있었다. 이들 부자父子는 바람둥이 프랑스 왕들과는 달리 평소에도 마치 수도사처럼 생활했다. 스페인 마드리드 근교에 있는 산 로렌조 수도원, 일명 엘 에스코레알El Escoreal은 이들이 어떻게 살다 갔는지를 보여준다. 카를 5세와 펠리페 2세를 비롯한 후대 스페인 왕들의 영묘가 있는 엘 에스코레알은 왕궁이라기보단 수도원에 가깝다. 펠리페 2세가 임종한 방은 세계적인 제국을 통치했던 군주가 거주했던 곳치고는 너무 협소하다. 그는 말년에 이 작은 방에 누워 저 아래 예배당에서 봉헌되는 미사를 지켜보는 낙으로 살았다 한다. 그만큼 그는 신앙이 깊었는데 통치자가 신실하다는 사실을 가지고 뭐라 할 순 없지만, 종교에 편향되어 통치를 그르친다면 그건 다른 문제다. 우리는 그런 사례를 다음 장에서 보게 된다.

　

루터의 종교개혁은 가톨릭 보편제국을 건설하려는 카를 5세에게 결정적인 걸림돌이 되었다. 카를은 세계 지배의 명을 받은 자신에게 온 세상을 가톨릭 신앙으로 합치시킬 의무가 있다고 믿었다. 그런 그에게 종교개혁의 확산은 기독교 세계를 분열시키고, 가톨릭 보편제국의 붕괴를 가져올 터였다. 그의 우려대로 독일 제후들은 루터의 종교개혁을 황제에게 맞서는 이론적 명분으로 이용했다. 1531년, 루터파 제후들이 슈말칼덴Schmalkalten 동맹을 맺으면서 종교개혁은 종교전쟁으로 비화되었다. 슈말칼덴 동맹은 360여 년 전, 프리드리히 1세에 대항하여 결성된 롬바르드 도시동맹을 닮았다. 롬바르드 도시동맹은 자치권을 지키기 위해서였고, 슈말칼덴 동맹은 새로운 종교를 지키기 위해서였다.

하지만 그때나 지금이나 명분이나 장소는 달라도 결국 황제와 제후들 간의 세력 다툼이라는 사실에는 변함없었다.

황제는 슈말칼덴 동맹에 대해 즉각적인 조치를 취할 순 없었다. 당시 카를에게는 프랑스와 오스만 제국 문제가 발등의 불이었다. 카를의 치세 기간 동안에 술레이만 1세Süleyman I(재위: 1520~1566년)가 이끄는 오스만 제국은 최전성기를 구가했다. 따라서 서유럽 최강국과 동방 대제국 간의 충돌은 필연이었다. 1529년 술레이만 1세의 빈Wien 포위전을 시작으로 발칸 지방과 지중해에서 충돌을 거듭했던 카를과 술레이만은 1545년에 가서야 휴전협정을 체결했다. 한편, 이듬해인 1546년은 황제의 오랜 정적들이 사라져간 해였다. 그해에 개신교 세력의 구심점인 마르틴 루터가 죽고, 평생의 숙적인 프랑수아도 자리에 누워버렸다. 카를은 비로소 개신교 세력을 척결하고 종교전쟁을 끝낼 때라고 판단했다. 장장 16년 만에 황제는 대군을 이끌고 독일로 돌아왔다. 정예군으로 구성된 황제군에게 지휘권이 통합되지 않은 슈말칼덴 동맹군은 상대가 되지 못했다. 1년여의 전투 끝에 슈말칼덴 전쟁에서 카를이 승리하자 이제 독일에서 황제에게 대항하는 세력은 사라졌다. 바야흐로 황제가 꿈꾸던 가톨릭 보편제국이 눈앞에 오는 듯했다. 하지만 가장 높이 올랐다는 희열을 느낀 순간 카를에게 거짓말 같은 몰락이 찾아왔다.

8.

　황제에게 패했지만 그렇다고 황제의 권력에 대한 제후들의 뿌리 깊은 경계심까지 사라진 건 아니었다. 사실 슈말칼덴 동맹은 일찍이 1531년에 프랑수아 1세의 동맹 제의를 받은 적이 있었다. 하지만 당시 그들은 황제에 대항하기 위해서 외국 왕과 동맹을 맺을 수는 없다며 프랑스 왕의 제안을 거부했었다. 그런데 황제는 1546년 독일로 진공할 때 이러한 신사협정을 깼다. 카를의 군대는 독일인 이외에 이탈리아인, 스페인인, 네덜란드인으로 구성된 다국적군이었다. 이는 독일 국내문제로 외국군을 동원할 수 없다는 제국 법을 명백히 위반했기에, 그동안 황제 편이었던 가톨릭 제후들마저도 등을 돌릴 정도로 국내 여론이 나빠졌다. 카를의 실책은 여기서 끝나지 않았다. 새삼스레 후계자를 번복하려는 카를의 노욕老慾이 상황을 악화시킨 것이다.

　슈말칼덴 전쟁이 끝난 1547년은 카를이 동생 페르디난트 1세Ferdinand I에게 신성로마 제국을 위임통치 시킨 지도 벌써 25년이 넘은 뒤였다. 그동안 페르디난트 1세는 빈 공방전을 비롯한 오스만 제국과의 전쟁을 거의 전적으로 수행해왔다. 또한 그는 아내의 가문이 소유한 보헤미아, 헝가리, 크로아티아를 물려받아 합스부르크 왕가로 귀속시키기도 했다. 그런데 황제는 그렇게 오랫동안 자신을 도와 신성로마 제국을 통치해온 동생을 내치고 뒤늦게 아들을 내세우려 했다. 카를의 아들은 후에 '무적함대의 패배'로 유명한 펠리페 2세Felipe II였다. 이런 황제에게 독일 제후들은 신 구교를 막론하고 모두 등을 돌렸다. 제후들은 생판 모르는 스페인 출신의 젊은 왕보다는 오랫동안 그들과

친분을 유지해온 페르디난트 1세가 차기 황제에 적합하다고 입을 모았다. 결국 카를은 자신의 뜻을 관철시키지도 못한 채, 공연히 동생과의 관계만 이상하게 만들었다.

카를을 둘러싼 상황은 계속 나빠졌지만, 그는 개신교에 대한 탄압의 강도를 더욱 높여갔다. 1550년 공표된 '피의 칙령'에서는 루터파 신자들은 누구나 사형을 면치 못할 것이라고 선언했다. 이와 같은 황제의 신교도 탄압은 결국엔 독일 신교도 세력과 프랑스 왕의 동맹을 불러왔다. 1552년, 독일 신교도 제후들과 프랑수아 1세를 뒤이은 앙리 2세Henri Ⅱ(재위: 1547~1559년)는 반反 합스부르크 동맹Fürstenaufstand을 맺었다. 그해 6월, 작센-마이센 선제후가 이끄는 개신교 군대는 황제가 머물러있던 인스부르크Innsbruck를 급습했다. 카를은 허겁지겁 알프스 산을 넘어 이탈리아로 도망쳤다. 이제 신 구교를 막론하고 모든 제후들은 종교전쟁에 진저리가 났다. 지치기는 황제가 더 했다. 평생을 추진해온 가톨릭 보편제국 건설의 꿈이 깨진 카를은 동생 페르디난트 1세에게 전권을 넘겨버렸다. 1552년 파사우 조약에서 드디어 신교의 종교 자유가 인정되었다. 그로부터 3년 뒤인 1555년, 아우구스부르크 화의和議는 이를 공식으로 선언하는 자리였다. 독일의 종교전쟁은 아우구스부르크 화의로 일단락되었다.

✦ 아우구스부르크의 울리히 아프라 교회St. Ulrich und Afra Basilika에서

아우구스부르크의 구시가지 남쪽 끝 울리히Ulrich 광장에는 세상에 서 둘도 없는 희귀한 교회가 있다. 1555년 체결된 아우구스부르크 종 교화의Augsburger Religionsfriede를 기념하여 지은 울리히 아프라 교회 Ulrich und Afra Basilika가 바로 그 주인공이다. 외관만 봐서는 여느 교 회와 다를 바 없는 이 교회를 희귀하다고 한 이유는 따로 있다. 루터 파인 울리히Ulrich 교회와 가톨릭인 아프라Afra 성당이 함께 붙어있기 때문이다. 신 구교 간의 종교화합을 상징하는 교회답게 앞쪽에 있는 낮은 울리히 교회와 뒤쪽에 있는 높은 아프라 성당은 서로 의지하듯 이 서 있다. 높이는 다르지만 똑같은 양파 모양의 탑을 세우고 빨간

종교화합의 상징, 울리히 아프라 교회

지붕을 인 교회와 성당은 내부 모습도 서로 닮아있다. 개신교 교회라기엔 가톨릭적인 분위기가 짙게 베어나는 울리히 교회와 가톨릭 성당이라기엔 개신교적인 소박함이 돋보이는 아프라 성당은 종교전쟁에 광분했던 인간의 우둔함을 일깨워주는 듯하다.

아우구스부르크 종교화의를 주도한 사람은 카를 5세가 아니라 그의 동생인 페르디난트 1세였다. 평생 가톨릭 보편제국을 추진해온 카를로서는 차마 자신이 직접 이 화의를 승인할 수는 없었으리라. 독일의 종교전쟁을 일단락시킨 아우구스부르크 화의의 핵심내용은 다음과 같다. "각 제후의 영지 안에서는 황제가 아닌 해당 제후의 종교를 따른다." 다시 말해 이는 개신교 제후들이 황제의 간섭 없이 자신의 영지 안에서 개신교 교회를 세울 수 있음을 의미했다. 실로 1517년 루터가 '95개 조항의 반박문'을 발표한 지 38년 만에 개신교가 이끌어낸 승리였다. 하지만 아우구스부르크 화의는 종교의 자유를 향한 걸음마 단계에 불과했다. 화의에서 말하는 종교의 자유란 개신교, 그중에서도 루터교 제후들에게만 적용되는 자유였기 때문이었다. 또한 제후령에 속한 신민들은 해당 영주가 신봉하는 종교를 따라야 했기 때문에 개인에게 종교의 자유는 여전히 주어지지 않았다. 이 문제가 해결되기 위해서는 앞으로도 백여 년을 더 기다려 30년 전쟁이 끝나서야 가능했다.

삶의 의미를 송두리째 잃어버린 카를은 그해 10월, 아들 펠리페 2세에게는 스페인과 해외 식민지, 그리고 부르고뉴 공국을, 동생 페르디난트 1세에게는 오스트리아와 신성로마 제국 황제 자리를 물려주었다. 1558년, 스페인으로 돌아간 카를은 한 시골 마을 수도원에서 세상을 떴다. 카를의 생애를 돌이켜보면 전반기엔 평생의 숙적 프랑수아 1세와의 싸움으로 보냈고, 후반기엔 종교전쟁에 몰입했다. 가톨릭 보편제국 건설을 지상목표로 삼았던 신성로마 제국 황제 카를은 왕권강화를 우선시했던 프랑스 왕 프랑수아와 너무도 달랐다. 프랑수아는 왕권을 강화할 수 있다면 구교든 신교든 문제 삼지 않았다. 이는 그가 왜 내부에서는 개신교를 탄압하면서도 외부, 특히 독일 지역에서는 지원했는지를 설명해준다. 그리고 프랑수아의 이러한 방식은 앙리 4세를 비롯한 후대 왕들도 그대로 답습했다. 이와는 반대로 카를과 그의 아들 펠리페 2세로 이어지는 합스부르크 왕가의 신성로마 제국 황제들은 갈수록 광신적인 성향을 보였다. 그리고 이러한 성향은 카를의 종손從孫인 페르디난트 2세에 이르러 결국 30년 전쟁을 야기하면서 독일을 쑥대밭으로 만들어버렸다. 실로 평생 실패만 거듭했던 프랑수아가 지금은 프랑스인들에게 사랑받는 왕으로 남았고, 평생 실패를 몰랐던 카를이 스페인에서도, 독일에서도 알아주지 않는 황제가 되어버린 사유를 되돌아보게 하는 대목이다.

제4장
종교개혁의 파고波高를 헤쳐 간 두 군주
앙리 4세Henri IV와 페르디난트 2세Ferdinand II

"신교든 구교든 짐朕의 백성들이 일요일이면 닭을 먹을 수 있을
만큼 풍족하게 살게 해주는 신神이라면, 그 신이 가톨릭의 신이
든 위그노의 신이든 짐은 상관하지 않겠다."

-프랑스 국왕 앙리 4세Henri IV

"내 비록 황량한 사막을 다스릴지언정 나의 영토에서 이단異端은
한 명도 살려 두지 않을 것이다."

-신성로마 제국 황제 페르디난트 2세Ferdinand II

1.

마르틴 루터가 일으킨 종교개혁이 독일을 강타했을 때, 프랑스의 사정은 어땠을까? 프랑스도 종교개혁의 광풍으로 몸살을 앓기는 독일과 마찬가지였다. 다만 루터파派가 독일에 뿌리를 내렸다면, 프랑스는 칼뱅파派가 득세하게 되었다. 루터와 함께 초기 종교개혁의 거두巨頭였던 장 칼뱅Jean Calvin은 프랑스 출신이었다. 재산 축적을 탐욕으로 매도하는 가톨릭교회와는 달리, 칼뱅은 직업을 존중하고 이윤 추구를 인정했다. 이러한 칼뱅파의 주장은 상공업에 종사하는 시민들의 지지를 받아 상공업이 발달한 대서양 연안 지방으로 퍼져 나갔다. 칼뱅파는 잉글랜드에서는 청교도로, 스코틀랜드에서는 장로파派로, 프랑스에서는 위그노Huguenot로 불렸다. 하지만 같은 개신교였지만 칼뱅파는 루터파와는 달리 가톨릭교회로부터 공인받지 못했다. 이 때문에 프랑스에서는 '위그노 전쟁Huguenots Wars(1562~1598년)'이란 종교 내전이 발발하게 된다.

발루아Valois 왕가에 이어 부르봉Bourbon 왕가를 연 앙리 4세Henri IV(재위: 1589~1610년)는 1553년, 방돔Vendôme 공작인 아버지와 나바라Navarra 왕국의 여왕인 어머니 사이에서 태어났다. 왕위에 오르기 전까지 앙리4세의 이름은 앙리 드 나바라Henri de Navarra, 즉 나바라의 앙리였다. 당시 스페인과 프랑스 국경 사이에 있었던 나바라 왕국은 강경한 위그노인 앙리의 어머니 영향으로 개신교를 국교로 정하고 가톨릭을 배격했다. 이런 어머니 때문에 앙리는 일찌감치 개신교로 전향했다.

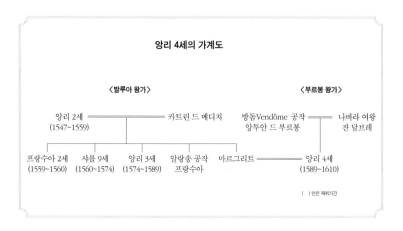

앙리 4세의 가계도

〈발루아 왕가〉 　　　　　　　　　　　　　　〈부르봉 왕가〉

앙리 2세 ━━━━━━━ 카트린 드 메디치　　방돔Vendôme 공작 ━━ 나바라 여왕
(1547~1559)　　　　　　　　　　　　　　　앙투안 드 부르봉　　잔 달브레

프랑수아 2세　샤를 9세　앙리 3세　알랑송 공작　마르그리트 ━━━ 앙리 4세
(1559~1560) (1560~1574) (1574~1589)　프랑수아　　　　　　　(1589~1610)

( )안은 재위기간

　　어린 시절 앙리 4세는 먼 친척뻘 되는 앙리 2세의 자녀들과 프랑스 궁정에서 함께 지냈다. 훗날 앙리 2세의 세 아들인 프랑수아 2세, 샤를 9세, 앙리 3세는 차례로 프랑스 왕이 되었고, 외동딸인 마르그리트는 그의 아내가 된다. 궁정에 머물던 앙리가 아홉 살 때인 1562년, 가톨릭과 위그노의 불안 불안했던 사이가 결국 폭발했다. 가톨릭 측이 창고에 모여 예배를 보던 위그노들을 습격하여 학살한 사건이 벌어진 것이다. 파리에서 그리 멀지 않은 바시Vassy에서 발생한 이 학살사건을 시작으로 프랑스는 종교전쟁에 휘말리게 되었다. 열다섯 살이 되던 해인 1568년, 앙리는 위그노 전쟁에서 그동안 중립을 지키고 있던 어머니에게로 돌아왔다. 한창때인 그는 프로테스탄트의 엄격한 원칙을 강조하는 교육을 받으며 성장해갔다. 하지만 앙리의 몸에는 프랑스 왕가王家의 피가 흐르고 있었나 보다. 이런 교육을 받고도 원리주의자에 가까운 어머니와는 달리 훗날 철저한 현실주의자가 되었으니 말이다.

　　현실적인 프랑스 왕실王室은 갈수록 심해지는 내전을 우려했다. 그래서 왕실은 가톨릭과 위그노 간에 화합을 꾀하려고 양쪽 진영을 대표하는 인물을 결혼시키기로 했다. 이에 선택된 사람이 가톨릭 측에서는 당시 국왕인 샤를 9세Charles IX(재위: 1560~1574년)의 여동생 마르그리트 드 발루아Marguerite de Valois였고, 위그노 측에서는 앙리 드 나바라Henri de Navarre, 즉 훗날의 앙리 4세였다. 1572년 8월 24일, 성 바르톨로메오St. Bartholomew 축일을 맞아 파리의 노트르담 대성당에서 두 사람의 결혼식이 거행되었다. 그들의 결혼식은 누가 봐도 기이하기 짝이 없었다. 성당 안으로 들어가기를 꺼리던 신랑이 혼인 미사가 끝날 때까지 성당 밖에서 신부를 기다리는 진풍경을 벌였기 때문이었다. 그런데 진짜 큰일은 그날 밤에 일어났다. 가톨릭 측이 결혼식 하객으로 온 위그노들을 마구잡이로 학살한 것이다. 위그노 지도자 20여 명을 포함하여 만 명 이상의 사람들이 희생된 '성 바르톨로메오 대학살 사건'으로 두 사람의 결혼식은 그야말로 '피의 결혼식'이 되고 말았다.

같이 온 위그노 지도자들이 몽땅 학살당하고 난 후 가톨릭 진영에 홀로 남은 앙리는 목숨이 위태로워졌다. 가톨릭 측에서는 앙리마저 제거하려 했지만, 다행히 장모인 태후太后 카트린 드 메디치Catherine de Medicis의 보호로 목숨은 부지할 수 있었다. 그러나 개신교를 포기하라는 손위 처남 샤를 9세의 압력에 굴복하여 가톨릭으로 개종한 앙리는 인질이나 다름없는 신세가 되었다. 앙리는 초조한 속마음을 숨기고는 생사의 열쇠를 쥐고 있는 태후에게 매달렸다. 4년 동안이나 지극정성을 다한 끝에 결국 장모는 사위가 프랑스 궁정에서 탈출하는 것을 묵인했다. 1576년, 호랑이굴에서 빠져나온 앙리는 특유의 유연성과 정치적 통찰력을 발휘하여 위그노 보호에 앞장섰다.

2.

사실 앙리만큼 개종改宗을 밥 먹듯 한 사람도 없을 것이다. 프랑스 궁정에서 벗어나자마자 그는 다시 위그노로 개종했다. 이 경우 보통 사람들 같으면 가톨릭에 대한 원한이 깊었으련만, 앙리는 그렇지 않았다. 그에게는 현실을 있는 그대로 볼 수 있는 안목과 판단력이 있었다. 가톨릭과의 싸움에서 연패하자 앙리는 일단 싸움을 포기하고 가톨릭 측과 평화조약을 맺어야 된다고 위그노 측을 설득했다. 1577년, 위그노에게 일방적으로 불리한 내용이었지만, 어쨌든 평화조약은 성사되었다. 이런 상황에서 발루아 왕가에 비상이 걸렸다. 앙리 2세가 네 아들을 남기고 사망할 때까지만 해도 발루아 왕가는 후계자 문제를 걱정할 필요가 없었다. 이는 다시 말해 후에 앙리 4세가 되는 앙리 드 나바라가 프랑스 왕이 될 가능성이 없었음을 뜻한다. 하지만 앙리 2세 이후로 발루아 가문의 왕들이 하나 같이 후계자를 보지 못하면서 문제가 생겼다. 1584년, 더 이상 후계자를 기대하기 힘든 앙리 3세(재위: 1574~1589년)의 동생이자 발루아 가문의 유일한 왕위 계승자인 알랑송 공작 프랑수아가 결핵으로 사망하자 결국 왕가의 대가 끊겨버렸다. 이제 발루아 왕가와 가장 가까운 친척으로는 나바라의 부르봉-방돔 Bourbon-Vendôme가家의 앙리 4세밖에 남지 않게 되었다. 가까운 친척이라고 해봐야 앙리 3세와 앙리 4세는 22촌 관계에 불과했지만, 어쨌든 부계를 중시하는 살리카 법Lex Salica에 따라 앙리 드 나바라는 프랑스의 왕위계승자가 되었다.

뜻밖에 왕위계승자가 된 앙리였지만, 그가 프랑스 왕이 되기 위해서는 넘어야 할 고비가 첩첩산중이었다. 자신을 후계자로 인정하지 않는 손위 처남 앙리 3세를 비롯한 가톨릭 측의 반대가 심했기 때문이었다. 하지만 앙리는 아무래도 프랑스 왕이 될 운명을 타고난 모양이었다. 가톨릭 진영에서 생각도 못 한 내분이 일어난 것이다. 평시에 가톨릭 측을 대표하는 기즈Guise 가문은 앙리 3세가 우유부단하다고 무시하며 독단적인 행동을 일삼았다. 하지만 그렇게 오랫동안 프랑스 왕가를 모셨으면서도 기즈 가문이 간과한 부분이 있었다. 프랑스 왕에게 중요한 것은 신앙이 아니라 왕권이라는 사실을 말이다. 프랑스 왕은 대다수 국민이 가톨릭이었기에 가톨릭 편에 선 것이지, 왕권이 농락당한다면 언제든지 돌아설 수 있는 사람이었다. 결국 앙리 3세가 기즈 공작을 암살하자 가톨릭 측은 반反 국왕 편으로 돌아섰다. 이제 앙리 3세가 기댈 사람은 위그노의 수장인 나바라 국왕 앙리밖에 없었다. 1589년, 두 앙리는 가톨릭 측에게 점거된 파리를 탈환하기 위해 병력을 이끌고 파리를 포위했다. 하지만 그 와중에 앙리 3세는 가톨릭 측이 보낸 수도사의 칼에 맞아 죽어버린다. 죽기 전에야 앙리 3세는 매제妹弟인 앙리 4세에게 가톨릭으로 개종하는 것이 통치에 유리할 것이란 유언을 남기며 자신의 후계자로 인정했다.

1589년, 프랑스 국왕이 된 이후에도 앙리 4세는 가톨릭과 위그노로 갈라진 왕국을 평정하는 데 많은 어려움을 겪었다. 전쟁이 끝없이 계속되자, 앙리 4세는 어떤 희생을 치르더라도 하루빨리 전쟁을 끝내야겠다고 결심했다. 1593년, 앙리 4세는 코페르니쿠스Copernicus적的인 변신을 통하여 다시 한번 프랑스 왕이 어떤 사람이라는 것을 보여주었다. 생 드니 대성당에서 "파리는 미사를 드려서라도 가질 가치가 충분하지!Paris vaut bien une messe"라는 말과 함께 가톨릭으로 개종해버린 것이다. 벌써 세 번째 가톨릭으로의 개종이었기에 많은 사람들이 그의 진실성을 의심했지만, 아무튼 국왕의 개종은 프랑스의 종교전쟁을 잠재우는 데 효과가 있었다. 오랜 전쟁에 지친 파리 시민들과 가톨릭 측은 앙리 4세의 개종을 인정하고 그를 받아들였다. 1594년, 마침내 앙리 4세는 자신을 계속 거부하는 랭스 대성당 대신에 샤르트르Chartres 대성당에서 대관식을 치르고 프랑스 왕으로서의 정통성을 확보했다.

앙리 4세의 개종 과정을 지켜보면 국왕을 비롯한 프랑스인들의 사고방식이 얼마나 유연한지 알 수 있다. 앙리는 가톨릭으로 개종할 때 자기 혼자만 했지, 자신을 따르던 부하들에게는 개종을 강요하지 않았다. 만약에 종교분쟁을 해결하겠다고 모든 부하들에게 개종을 명했다면 사태가 어떻게 돌아갔을까? 그런 상황에서 앙리의 '나 홀로 개종'은 그야말로 신神의 한 수였다. 더구나 앙리의 개종을 권유한 사람이 다름 아닌 같은 위그노인 부하였다는 사실은 우리를 놀라게 한다. 후에 앙리를 보좌하여 30년간의 내란으로 만신창이 된 국가의 부흥에 힘썼던 쉴리 공작Duc de Sully 같은 명재상이 있었기에 프랑스는 앙리 4세 이후 분연히 일어설 수 있었다.

✸ '프랑스식 자유'의 명明과 암暗

2015년 봄, 프랑스 여행 때의 일이다. 옆의 동료와 잡담하던 공항 입국심사관은 보지도 않고 내 여권에 도장을 찍어준다. 저래도 괜찮은지 내가 오히려 걱정될 정도로 처음부터 자유로운 분위기가 물씬 풍겨온다. 그리고 이러한 분위기는 여행길 곳곳에서 이어진다. 박물관을 예로 들면, 방마다 직원들이 감시하듯이 지키고 있는 독일의 박물관과는 달리 프랑스의 박물관은 최대한 관람객을 편하게 해준다. 오래된 프레스코화만 아니라면 마음대로 사진도 찍을 수 있고, 웬만해서는 직원들을 의식할 필요가 없다. 그중에서도 파리 시테섬 안에 있는 콩시에르주리 Conciergerie는 '프랑스식 자유란 어떤 것인지를 웅변적으로 보여주는 곳이다. 현재 파리 사법궁司法宮Palais de justice으로 쓰이는 콩시에르주리는 프랑스 대혁명 때 마리 앙뚜아네트Marie Antoinette가 수감되었던 지하 감옥으로 더 유명하다. 콩시에르주리에 갔을 때의 일이었다. 한쪽에는 아름다운 스테인드글라스를 자랑하는 생트 샤펠Ste-Chapelle에 입장하려는 사람들이 줄 서 있고, 반대쪽으로는 콩시에르주리에 들어가려는 사람들이 줄 서 있었다. 그런데 기다리는 줄은 길지만 생트 샤펠 쪽은 사람들이 쭉쭉 빠지는 반면, 줄이 짧은 콩시에르주리 쪽은 도통 움직임이 없다. 한참을 기다려 입구에 들어간 뒤에야 그 이유를 알게 되었다. 철저한 보안 검색을 거친 후 세 사람씩만 입장시키기 때문이었다. 공항보다 훨씬 철저한 보안 검색을 마친 후 콩시에르주리로 들어선 순간 생각지도 못한 광경에 당혹감이 밀려왔다. 같이 들어간 두 사람은 어느

센강에서 본 콩시에르주리

틈엔지 온데간데없고, 드넓은 홀에 나 혼자 남은 것이다. 가만히 살펴보니 한쪽 소파에는 젊은 변호사를 둘러싸고 가족들이 무언가를 진지하게 따져보고 있었다. 또 다른 쪽에서는 검은 법복을 입은 판사가 분주히 지나가고 있었다. 흡사 모두가 제 할 일에 바쁜 사무실에 전혀 어울리지 않는 배낭 멘 여행객이 불쑥 들어온 느낌이었다. 하지만 그러한 어색한 느낌은 잠시였고, 곧 이어지는 느낌은 자유로움 그 자체였다. 여기서는 배낭을 메었건, 반바지를 입었건 그런 건 하등 중요하지 않았고, 어느 누구도 신경 쓰지 않았다. 소정의 보안 검색만 통과하면 판사든, 피의자 가족이든, 아니면 나 같은 하릴없는 여행객이든 상관없이 '콩시에르주리'라는 공적 공간 안에서 내 마음대로 할 수 있는 자유가 보장된다는 사실이 새로웠다. 이제 막 재판이 끝난 법정에서 나온 판사가 아무렇지도 않게 담배 한 대 물고 벽에 기대어 선 모습에서 전형적인 탈권위주의와 함께 '프랑스식 자유'의 참모습을 보는 듯했다.

콩시에르주리의 내부 모습

　하지만 이러한 '프랑스식 자유' 또한 밝은 면과 함께 어두운 면도 있
다. 개인의 자유를 너무 강조하다 보니 오히려 타인에게 피해를 주는
경우가 그렇다. 랭스Reims 기차역에서 파리행 기차표를 살 때의 일이
었다. 세 군데 창구 중에 영어 소통이 가능하다고 표시된 창구가 있었
다. 마침 잘 되었다 싶어 그 창구 앞에 줄 섰지만, 옆 창구들과는 달리
한참을 기다려도 진전이 없다. 그제야 자세히 보니 50대 매표원 아줌
마와 70은 넘어 보이는 할머니 손님 간에 수다가 한창이다. 기차표를
사러 왔는지 아니면 인생 상담을 하러 왔는지 연신 탄식을 쏟아내는
할머니에게 매표원 아줌마는 아줌마대로 맞장구치기에 바쁘다. 설상
가상으로 옆 창구의 매표원은 교대시간이 지났는지 손님이 있든 없든
횡하니 창구를 닫아버린다. 사정이 이렇다 보니 기다리는 사람은 계
속 늘어나지만, 매표원 아줌마와 할머니의 인생 상담은 끝이 없다. 그
런데 이런 경우가 그리 드물지도 않은 모양이다. 지연되는 창구에 주

의를 환기시키고, 손님들을 적정히 분산시키는 역무원을 매표소 안에 배치했으니 말이다. 하지만 아무 소용없었다. 역무원이 조심스럽게 눈치를 줘보지만 두 여자는 거들떠보지도 않는다. 그 자리는 일단 앉으면 어느 누구도 간섭할 수 없는 성역이었던 것이다. 할 수 없이 옆 창구로 줄을 바꿔 반 시간은 족히 기다린 끝에 기차표를 끊고 나오다 보니 그때까지도 두 여인의 대화는 끝날 줄 몰랐다. 한 시간 일찍 갔기에 망정이지 하마터면 기차를 놓칠 뻔했다. 그런데 그날은 일진이 나빴던지 파리에 도착해서 오를레앙행 기차표를 예매할 때도 똑같은 횡액을 당했다. 앞에 또 다른 폭탄이 있었던 것이다. 기차표 두 번 끊는데 한 시간 넘게 걸리다 보니 프랑스의 구조적인 약점이 무엇인지 알 것도 같았다.

3.

비록 가톨릭으로 개종했지만 앙리 4세는 위그노들을 잊지 않았다. 어차피 왕국을 통치해 나가려면 그들 또한 품어 안아야 할 백성이 아니겠는가? 1598년, 앙리 4세는 유럽 역사상 처음으로 개인에게 종교의 자유를 인정하는 '낭트 칙령Edit de Nantes'을 반포했다. 낭트 칙령은 모든 사람이 자신이 원하는 종교를 믿을 자유를 부여했고, 어느 누구도 종교 때문에 불이익을 받아서는 안 된다는 내용을 담았다. 낭트 칙령 이전까지 프랑스에는 가톨릭 이외의 신앙을 가진 자를 처벌하고 재산을 몰수하는 법이 있었다. 여기에 더하여 위그노를 고발하는 사람에게는 몰수한 재산의 4분의 1을 주는 조항을 만들어 고발을 부추겼다. 앙리 4세는 이 악법을 폐지함으로써 위그노에 대한 차별과 박해를 금지시키고, 종교와 관계없이 모든 국민에게 동등한 권리를 보장해 평화와 번영의 길을 열었다. 프랑스는 낭트 칙령에 따라 1562년부터 약 30년 넘게 지속되었던 종교전쟁, 일명 위그노 전쟁을 종식시킬 수 있었다.

앙리 4세의 별명은 '선량왕善良王'으로, '선하신 왕 앙리le bon roi Henri'란 애칭이 있다. 또한 재위 중 많은 업적을 남겨 '앙리 대왕Henri le Grand'으로 불리기도 한다. 평가에 인색하기로 유명한 프랑스인들은 그들의 역사에서 오직 두 명의 왕에게만 '대왕大王'이란 존칭을 붙인다. 앙리 4세와 루이 14세가 그들이다. '태양왕' 루이 14세는 그렇다 처도, 앙리 4세를 잘 모르는 우리에게 그가 손꼽히는 것은 의외다. 하지만 역사란 겉모습과는 다른 경우가 종종 있다. 사실 앙리 4세는 그의 손자인 루이 14세가 따라갈 수 없는 진정한 대왕이었다. 루이 14세는 할아버지 앙리 4세가 쌓아놓은 재산을 흥청망청 쓰다가 결국 후손에겐 프랑스 대혁명이란 전대미문의 재앙을 안긴 인물이었다. 루이 14세가 결코 명군이 아니었음은 1685년, 낭트 칙령을 폐지한 '퐁텐블로 칙령 Edit de Fontainebleau'만 봐도 알 수 있다. 루이 14세가 낭트 칙령을 폐기하자 당시 프랑스 상공업의 중추였던 위그노들은 네덜란드와 프로이센과 같은 개신교 국가들로 망명했다. 그 결과 프랑스의 산업 경쟁력은 크게 떨어졌고, 후일 무서운 적이 될 프로이센에게 본의 아닌 도움을 주었다. 망명한 위그노들이 프로이센의 부상浮上에 일익을 담당했기 때문이었다. 낭트 칙령을 폐지하자 이들이 "루이 14세 폐하, 감사합니다!"라며 좋아했다니, 그 폐해를 미루어 짐작할 수 있다. 반면에 가톨릭 측은 "낭트 칙령은 앙리 4세의 오점이었는데, 루이 14세가 이를 수정했다."라며 환영했다니 같은 상황을 놓고도 이렇게 시각 차이가 난다는 사실이 무섭기도 하다.

평가에 인색한 프랑스인들이 앙리 4세를 '대왕'으로 부른 요인은 무엇이었을까? 물론 재위기간 동안에 앙리 4세가 이룬 치적도 한 요인이 될 것이다. 앙리 4세는 '루이 14세의 영광'으로 대표되는 프랑스 번영의 기틀을 닦았다. 하지만 그보다도 앙리 4세가 그 시대 백성들의 사랑을 받았고, 지금도 프랑스인들에게 가장 인기 있는 왕으로 남게 된 데에는 그가 말한 다음 한마디로 요약할 수 있겠다. "신교든 구교든 짐朕의 백성들이 일요일이면 닭을 먹을 수 있을 만큼 풍족하게 살게 해주는 신이라면, 그 신이 가톨릭의 신이든 위그노의 신이든 상관하지 않겠다." 이런 애민사상愛民思想을 바탕으로 한 열린 마음의 왕이었기에, 백성들이 그에게 편하게 다가갈 수 있지 않았을까? 거기에 더하여 앙리 4세는 전형적인 프랑스인 특유의 밝고 유쾌한 성격을 가졌다. 생전에 오십 명도 넘는 정부情婦를 거느려 그것만으로도 지탄받을 수 있으련만, 백성들은 오히려 '팔팔한 오입쟁이le Vert galant'란 애칭으로 그를 감쌌다 한다. 앙리 4세는 평화 시에는 공무를 팽개치고 사적인 쾌락에 탐닉한 군주였다. 하지만 비상시에는 열 일을 제쳐두고 나랏일에 올인All in한 군주이기도 했다.

낭트 칙령으로 인해 가톨릭 측의 원한을 산 앙리 4세는 이후 무려 열일곱 차례나 암살 위기를 넘겼다 한다. 신 구교 사이의 갈등을 없애려 애썼던 앙리 4세였지만, 극단주의자까지는 어찌할 수 없었나 보다. 1610년, 앙리 4세는 오랜 친구이자 신하인 쉴리 공작의 문병 길에서 광신적인 가톨릭교도에게 암살당했다. 칼 맞아 죽어가면서 그가 남긴 마지막 말은 "아이쿠! 나 칼에 찔렀어!Je suis blessé!"였다.

✦ 퐁네프Pont Neuf 다리 위의 앙리 4세 동상 앞에서

'새로운 다리'를 뜻하는 퐁네프Pont Neuf는 그 이름과는 달리 파리의 센Seine강에서 가장 오래된 다리다. 파리의 발상지인 시테Cité섬을 연결하는 퐁네프는 1578년, 앙리 3세 때에 공사가 시작된 파리 최초의 석조다리다. 〈퐁네프의 연인들Les Amants du Pont Neuf〉이란 영화로 우리에게도 잘 알려진 이 다리는 중간중간에 반원형의 벤치가 있어서 처음부터 사람들이 모여들기 좋은 장소가 되었다. 다리가 개통되자 데이트를 즐기는 연인들과 행상꾼들, 만담꾼들과 곡예사들, 심지어는 거리의 여인들까지 이 다리로 모여들었다 한다. 부르봉 왕조는 앙리 4세가 암살당한 지 4년째가 되던 1614년, 다리 한쪽 끝에 그의 기마상을 세웠다. 사람들의 왕래가 빈번한 곳에 사후에도 변함없이 국민들의 사랑을 받는 앙리 4세의 동상을 세워 왕실의 권위를 높이려 했던 것이다. 하지만 지금 서 있는 동상은 그때 제작된 동상은 아니다. 최초의

퐁네프 다리 위의 앙리 4세 기마상

동상은 프랑스 대혁명이 한창이던 1792년에 파괴되었고, 현재의 동상은 1818년 왕정복고 후에 옛 군주의 동상 중에서 제일 먼저 재건된 것이다. 머리에 월계관을 쓰고 오른손에 백합 문양의 왕홀王笏을 든 그의 기마상 앞에 서서 잠시 생각에 잠겨본다.

1593년, "파리는 미사를 드려서라도 가질 가치가 충분하지!"라며 자신의 종교를 버리고 가톨릭으로 개종했을 때 앙리 4세의 속마음은 어땠을까? 자신에게 끝까지 저항하는 파리에는 21년 전인 1572년, '성 바르톨로메오 대학살 사건'을 일으켜 자신의 눈앞에서 사랑했던 친지들을 무참히 학살한 원수들이 있었다. 그런 파리가 지금은 포위되어 마지막 안간힘을 쓰고 있었으니, 앙리인들 끝장을 보고 싶은 마음이 왜 없었겠는가? 또한 자신을 끝까지 왕으로 인정하지 않는 저 도시에 대한 개인적인 한恨은 얼마나 컸겠는가! 아마도 V-제4장의 주인공인 프리드리히 2세를 비롯한 독일 왕들이었다면 끝장을 보고자 했을 것이다. 하지만 앙리 4세는 그렇지 않았다. 그는 프랑스가 더 이상은 전쟁을 감당할 수 없다는 사실을 알았기에 무력에 호소하는 대신 오히려 유리한 위치에 있는 자신을 바꾸기로 했다. 먹을 게 없어 벌써 3만 명이나 굶어 죽는 파리도 용서하기로 했다. 우리는 여기서 프랑스의 숨은 저력을 읽을 수 있다. 사실 프랑스는 전통적으로 독일이나 영국처럼 싸움에 능한 나라가 아니었다. 일찍이 카이사르는 지금의 프랑스에 해당되는 갈리아 지방을 정복할 때 다음과 같은 논리로 갈리아 부족들을 설득했다. "어차피 당신들은 게르만족을 당해내지 못한다. 그럴 바에는 우리가 당신들을 대신해서 게르만족을 상대해주겠다." 프랑스가 천년 넘게 독일과 대적할 수 있었던 비결은 이와 같은 프랑스인들의 '관용과 균형감각' 덕분이 아닐까?

4.

프랑스 국왕 앙리 4세보다 약 한 세대 뒤에 태어난 신성로마 제국의
황제 페르디난트 2세Ferdinand Ⅱ(재위: 1619~1637년)는 제위에 오르기 전
까지는 앙리 4세와 비슷한 길을 걸었다. 페르디난트 2세는 1578년, 오
스트리아 슈타이어마르크주의 주도州都인 그라츠Graz에서 태어났다.
그의 할아버지는 카를 5세의 동생인 페르디난트 1세였고, 아버지는 페
르디난트 1세의 차남이었다. 따라서 페르디난트 2세도 앙리 4세와 마
찬가지로 정상적인 경우였다면 결코 황제가 될 수 없었다. 큰아버지인
막시밀리안 2세 슬하에 왕위계승권자인 사촌들이 두 명이나 건재했기
때문이었다. 하지만 사촌 형 루돌프 2세Rudolf Ⅱ(재위: 1576~1612년)와
마티아스Mattias(재위: 1612~1619년) 모두 약속이라도 한 듯이 후손을 남
기지 못하면서, 황위는 페르디난트 2세에게 넘어오게 되었다.

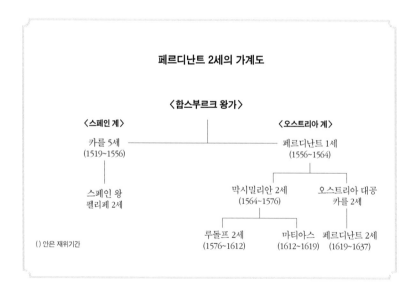

페르디난트 2세의 가계도

〈합스부르크 왕가〉

〈스페인 계〉　　　　　　　　　　　　　　〈오스트리아 계〉

카를 5세 ————————————————— 페르디난트 1세
(1519~1556)　　　　　　　　　　　　　　　(1556~1564)

스페인 왕　　　　막시밀리안 2세　　　오스트리아 대공
펠리페 2세　　　　(1564~1576)　　　　　카를 2세

　　　　　　　루돌프 2세　　마티아스　　페르디난트 2세
()안은 재위기간　(1576~1612)　(1612~1619)　(1619~1637)

어린 시절 앙리 4세가 프로테스탄트의 엄격한 원칙하에 교육을 받았듯이, 페르디난트 2세도 예수회가 세운 잉골슈타트Ingolstadt 대학에 입학하여 독실한 가톨릭교도가 되었다. 하지만 두 사람이 비슷한 길을 간 것은 여기까지였고 그 후로는 정반대의 길을 간다. 한 사람은 종교를 어디까지나 통치수단으로 삼으면서, 종교 때문에 갈라진 국가를 통합하여 번영의 길로 이끌었다. 그러나 또 한 사람은 종교를 지상목표로 삼아 신민들에게 강요함으로써, 온 나라를 불구덩이로 몰아넣은 결과 종국에는 국토를 갈가리 찢어놓았다.

1595년, 열일곱 살의 나이로 잉골슈타트 대학을 졸업하고 슈타이어마르크 대공이 된 페르디난트 2세는 이때부터 이미 완고한 가톨릭교도의 기질을 보였다. 페르디난트 2세는 사촌 형인 루돌프 2세와 마티아스가 권력 다툼을 벌일 때 현명하게 어느 편도 들지 않고 모른 체했다. 그 덕분에 루돌프 2세를 밀어내고 황제가 된 마티아스에게 후사가 없자 페르디난트 2세는 자연스럽게 차기 황제 후보가 되었다. 1617년, 페르디난트 2세는 황제의 후계자 자격으로 보헤미아의 왕이 되었다. 하지만 그의 즉위는 향후 독일 지역에 전대미문의 재앙을 초래할 30년 전쟁의 전주곡이 되고 말았다. 당시 보헤미아 왕국의 국왕은 구교도인 합스부르크가의 군주들이 차지해왔지만, 대부분이 신교도였던 보헤미아 신민들에게 가톨릭을 강요하지는 않았다. 오히려 1609년에는 루돌프 칙령Letter of Majesty을 공표하여 종교의 자유를 보장하는 등 유화책을 쓰기도 했다. 이런 보헤미아인들에게 페르디난트 2세의 등장은 불길한 징조였다. 일찍이 대공 시절부터 자신의 영지에서 신교도들을 몰아낸 일로 악명이 높았던 페르디난트 2세였기에 보헤미아인들은 불안한 눈으로 그의 즉위를 지켜보았다.

　1618년, 아니나 다를까, 페르디난트 2세는 보헤미아 국왕 직할령에서 더 이상 개신교 교회를 짓지 못하게 했다. 이에 보헤미아 의회가 반발하자 페르디난트는 그들의 집회를 해산시키는 강경책으로 맞섰다. 그해 5월, 결국 '프라하 창밖 투척사건The Defenestration of Prague'이 발생되면서 보헤미아 국왕과 의회는 일촉즉발의 갈등상태로 접어들었다. '프라하 창밖 투척사건'이란 분노한 보헤미아의 신교도 귀족들이 황제가 보낸 가톨릭 섭정관 두 명을 건물 창밖으로 집어 던진 사건을 말한다. 재미있는 일은 21m 높이의 삼층 건물에서 떨어졌지만 살아남은 가톨릭 섭정관들을 두고 양측이 서로 다른 주장을 폈다는 것이다. 가톨릭 측은 성모님께서 그들을 받아내시는 은총을 베푸셨다고 주장했고, 개신교 측은 운 좋게 똥 더미 위에 떨어져서 살아남았을 뿐이라고 무시했다. 아무튼 이 사건 직후 보헤미아 귀족들은 '30인 집행위원회'를 구성하여 독자적인 헌법 제정과 군대를 보유할 것을 선언했다. 이에 가톨릭의 수호자임을 자처하는 페르디난트가 전쟁 준비에 들어가면서 마침내 이 사건은 최후의 종교 전쟁인 30년 전쟁의 단초가 되었다.

✦ 프라하Praha의 하라드차니성Hradčany Castle에서

'음악의 도시'로 유명한 오스트리아의 수도 빈Wien에서는 평일에도 크고 작은 음악회가 열린다. 시내 곳곳에서 음악회 포스터를 볼 수 있고, 중세풍 옷을 입은 표 파는 사람들이 눈에 띈다. 빈에서 가장 인기 있는 음악가는 모차르트다. 그런 빈과 제일 많이 닮은 도시는 어디일까? 체코의 수도 프라하Praha다. 프라하에서는 빈에 못지않게 모차르트의 초상화가 자주 보인다. 여행객도 별다른 예약 없이 언제든지 편하게 음악을 들을 수 있는 도시가 프라하이다. 지금은 오스트리아와 체코로 갈려있지만, 오랫동안 역사를 같이했던 두 도시이기에 그 분위기가 비슷한 것이다. V-제5장 루돌프 편에서 봤듯이, 프라하를 중심으로 한 보헤미아Bohemia 지방은 950년 오토 대제 이래로 독일문화권에 속해있었다. 1212년, 보헤미아는 신성로마 제국 내에서 유일하게 독립 왕국인 보헤미아 왕국으로 승격했고, 보헤미아 왕은 황제를 선출하는 일곱 선제후 중 한 명이 되었다. 1526년 합스부르크가家의 오스트리아로 넘어간 보헤미아 왕국은 제1차 세계대전이 끝나는 1918년까지 오스트리아와 함께 해왔다.

프라하는 신성로마 제국의 황제 카를 4세Karl Ⅳ(재위: 1355~1378년) 때 지금의 모습을 갖춘 도시다. 카를 4세는 교황의 간섭을 배제하고 신성 로마 제국의 황제를 선출하는 7명의 선제후를 정한 금인칙서를 공포한 황제로 유명하다. 그의 재위기간 중에 프라하의 명물인 하라드차니성Hradčany Castle, 성 비투스 성당St. Vitus Cathedral, 카를 다리Karl

Most 등의 건축물들이 축조되었으니, 이를 봐도 프라하가 신성로마 제국과 얼마나 인연이 깊은지 알 수 있다. 그런데 재미있는 건 고풍스러운 중세 독일식 건축물 대부분은 본고장인 독일이 아닌 체코에 있다는 사실이다. 이는 독일의 경우는 양차 세계대전의 전화戰禍로 대부분의 옛 건물들이 파괴된 반면에, 체코의 경우는 도시 전체를 고스란히 보존할 수 있었기 때문이다. 이렇게 체코가 전쟁의 와중에도 프라하를 비롯한 국토 대부분을 보존할 수 있었던 데에는 당시 지극히 현실적인 지도자가 있었기에 가능했다.

제2차 세계대전 당시 체코의 대통령은 에드바르드 베네쉬Edvard Benes란 인물이었다. 그는 나치 독일의 침공에 직면하여 항거하는 대

프라하의 하라드차니성城과 성 비투스 성당

신 즉각 항복했다. 이 때문에 연합국은 물론 국내의 반대자들로부터도 거센 비난을 받았지만, 어쨌든 베네쉬는 전쟁의 불구덩이로부터 조국을 성공적으로 구출했다. 모두가 명분론에 빠져 있을 때 베네쉬는 냉정하게 국제정세를 읽은 것이다. 처음엔 독일의 위협에 대항하기 위해 체코는 영국 및 프랑스와 동맹을 맺었다. 하지만 독일의 기세에 눌린 영국과 프랑스가 독일의 체코 점령을 묵인하자 이야기가 달라졌다. 아무도 믿을 수 없는 마당에 왜 체코 혼자 총알받이가 되어야 한단 말인가? 더구나 예전에는 같은 문화권이었던 독일에 도시락 싸 들며 대들 이유도 없다는 희미한 연대감이 작용했을 수도 있다. 실제로 히틀러 또한 독일어를 사용하는 체코 지역의 우선 할양을 명분으로 삼았으니 말이다. 베네쉬의 판단이 옳았음은 천년의 세월을 간직한 프라하가 세계에서 가장 아름다운 도시란 명성을 얻어 오늘날 수많은 관광객들을 끌어모으는 것만 봐도 알 수 있다.

프라하성城인 하라드차니성Hradčany Castle에 오르면 블타바Vltava강이 가로지르는 시내가 한눈에 보인다. 30년 전쟁의 도화선이 된 '프라하 창밖 투척사건'이 일어났던 창문을 가늠해보며 강대국 틈에 낀 약소국의 처신을 생각해본다. V-제3장 필리프 2세와 리처드 1세 편에서도 말했듯이 현실주의란 대중적인 멋이 없을 수도 있고, 때로는 의리나 명분과는 거리가 멀 수도 있다. 하지만 미래의 위험risk을 최소화할 수 있는 것도 역시 현실주의다. 황제의 칙사가 마음에 들지 않는다고 창밖으로 던져버린 선조들이었기에, 그들의 후손들 또한 무조건 복종하는 사람들은 아니었을 것이다. 다만 대세를 읽고 냉철하게 판단한 베네쉬 같은 현실적인 지도자가 있었기에 오늘의 프라하가 존재할 수 있었다.

그나저나 전통이란 정말 무서운가 보다. 이곳에서는 창밖으로, 또는 다리 아래로 사람을 집어던지는 이상한 풍습이 내려오고 있으니 말이다. 이러한 인신 투척사건의 첫 희생자는 보헤미아 왕비의 고해신부였던 네포무크의 성 요한Jan Nepomucky이었다. 그는 왕비의 고해성사 내용을 밝히라는 왕의 명령을 거부한 탓에 1393년 블타바강에 던져져 익사했다. 카를 다리에 세워진 그의 동상은 사람들의 손때로 발등이 반들반들해질 정도로 사랑을 받고 있다. 두 번째는 보헤미아의 종교개혁가인 얀 후스Jan Hus를 추종하던 급진파가 1419년 프라하시의 평의원 7명을 시청 창밖으로 내던져 죽인 사건이다. 그리고 세 번째가 30년 전쟁을 유발한 1618년의 '프라하 창밖 투척사건'이었고, 가장 최근으로는 1948년 외무장관이 외무부 창문에서 떨어져 의문의 죽임을 당한 사건이었다.

프라하의 카를 다리

5.

역사적으로 독일인의 뇌리 속에 뚜렷이 각인된 트라우마trauma가 몇 개 있다고 한다. 나폴레옹이 프로이센군을 섬멸하고 베를린으로 개선 행진했던 1806년의 대大 굴욕과 히틀러의 제3제국을 들 수 있는데, 그 중에서 가장 오랜 트라우마는 30년 전쟁(1618~1648년)을 든다. 백년 전 쟁과 이탈리아 전쟁이 각각 프랑스와 이탈리아 내에서만 분탕질 친 전 쟁이었듯이, 30년 전쟁 또한 독일 내에서만 벌어진 전쟁이었다. 결론 부터 말하면 30년 전쟁으로 신성로마 제국은 그야말로 쑥대밭이 되었 다. 전쟁 전 1,600만이었던 인구는 전쟁 후 600만밖에 남지 않았다. 오랫동안 북유럽의 경제적·정치적 핵심세력이었던 한자동맹도 무너졌 고, 중산층은 씨가 마를 정도로 몰락했다. 이 전쟁은 소위 '늑대 전략' 으로 악명을 떨쳤다. 아군이고 적군이고 할 것 없이 모든 군대는 전투 중에 현지에서 보급품을 충당하는 게 당연시되었다. 그러니 그들 틈새 에 낀 백성들의 고초는 얼마나 컸겠는가? 그런 30년 전쟁에 불을 댕긴 사람이 문제의 페르디난트 2세였다.

1619년, 마티아스 황제가 죽고 페르디난트 2세가 신성로마 제국의 황 제가 되었다. 이에 보헤미아의 '30인 집행위원회'는 페르디난트 2세를 국왕으로 인정하지 않고 폐위시켜버렸다. 그리고는 라인팔츠의 선제후 프리드리히 5세Friedrich V를 새로운 보헤미아 국왕으로 선출하는 강수 를 두었다. 프리드리히 5세는 같은 신교도로서 영국 왕의 사위이기도 했다. 하지만 이런 조치를 가만히 보고만 있을 페르디난트가 아니었다. 그는 새로 선출된 프리드리히 5세를 찬탈자로, 보헤미아 귀족들을 반 역자로 몰아세우며 전쟁 준비에 박차를 가했다. 이듬해인 1620년, 결국 양측은 '바이센베르크Weißerberg 전투', 일명 '백산白山 전투'에서 맞붙었다. 30년 전쟁의 첫 번째 전투로 꼽히는 이 전투에서 가톨릭 측은 개신교 측을 박살 냈다. 보헤미아 왕 프리드리히 5세는 국외로 망명했고, 신교도 지도자 27명이 프라하 광장에서 처형되었다. 가톨릭 측은 그들의 머리를 쇠꼬챙이에 꿰어 도개교 성탑 위에 매다는 가혹한 조치를 취함으로써 신교도들의 원망을 샀고, 향후 개신교 국가들의 간섭을 초래하게 되었다. 백산 전투 결과 보헤미아는 다시 가톨릭 지역으로 바뀌고 개신교 귀족들은 몰락했다. 보헤미아 왕국은 합스부르크 왕가의 세습지로 전락했고, 1918년 체코슬로바키아 공화국으로 독립할 때까지 300여 년간 합스부르크가家의 지배를 받게 되었다.

이때가 페르디난트 2세로서는 외국의 간섭을 피하여 사태를 수습할 첫 번째 기회였다. 하지만 그는 보헤미아를 진압한 여세를 몰아 독일 내 개신교도들에 대한 압박의 고삐를 늦추지 않았다. 이런 페르디난트의 강경책은 결국 개신교 국가인 덴마크의 간섭을 불러왔다. 당시 덴마크는 지금의 스웨덴 서남부 지역과 노르웨이를 포함하여 스칸디나비아반도의 상당 부분을 영유한 지역강국이었다. 그런 덴마크 왕 크리스티안 4세Christian Ⅳ(재위: 1588~1648년)는 독일 북부지역까지 가톨릭 세력이 밀려오자, 자국에 위협이 된다며 독일로 침공해왔다. 하지만 이는 핑계일 뿐, 진작부터 독일 북부지방에 욕심이 있었던 그의 속셈은 경쟁자인 스웨덴에 앞서 지역패권을 차지하기 위함이었다. 1625년, 덴마크는 야심만만하게 독일을 침공했지만, 발렌슈타인Wallenstein이란 당대 최고의 명장을 발탁한 신성로마 제국에게 패배하고 말았다. 덴마크로서는 그나마 강력한 해군력이 있었기에 영토 상실은 면했지만, 개전 4년 만인 1629년 독일에서 물러설 수밖에 없었다.

6.

덴마크를 물리친 페르디난트 2세는 더욱 기세등등해졌지만, 사실은 이때가 전쟁을 마무리할 수 있는 마지막 기회였다. 하지만 '말 타면 경마 잡히고 싶다'듯이 페르디난트는 한술 더 떴다. 덴마크에게 승리한 1629년 초, 황제는 '복권 칙령Edict of Restitution'을 선포하여 신교도들을 막다른 골목으로 몰아넣은 것이다. 그렇다면 당시 가톨릭 측은 열렬히 환호한 반면에 개신교 측은 아연실색한 '복권 칙령'이란 무엇이었을까? 이야기는 70여 년 전인 1555년에 맺은 아우구스부르크 화의和議로 거슬러 올라간다. 신교新敎와 구교舊敎 간의 오랜 종교분쟁을 끝낸 아우구스부르크 화의 내용 중에는 '만약 가톨릭 성직자가 개신교로 개종할 경우엔 그가 소유했던 모든 특권은 후임 가톨릭 성직자에게 넘긴다.'라는 조항이 있었다. 하지만 개종했다고 자신의 모든 기득권을 미련 없이 버릴 만큼 신앙이 독실한 사람이 얼마나 되겠는가? 실상은 개신교로 개종한 후에도 자신이 전부터 차지하고 있던 교회령을 움켜쥐고 있는 사람들이 대부분이었다. 그리고 이런 상황이 묵인되어온 지도 벌써 70년이 넘었는데, 이제 와서 새삼스럽게 교회령을 내어놓으라니 이는 개신교도들에 대한 전면적인 선전포고에 다름 아니었다.

그렇다면 페르디난트 2세는 단순히 종교적 열정만으로 독일 전체의 질서를 뒤집을 만한 폭발력을 가진 복권 칙령을 밀어붙인 것일까? 아무리 독실한 가톨릭교도였다지만 그도 엄연한 합스부르크가家의 군주였다. 철저한 절대 군주주의자였던 페르디난트의 마음속엔 이를 계기로 절대 왕권을 확립하고 싶은 욕망도 있었다. 사실 개신교 성직자들이 차지하고 있는 교회령을 원상태로 돌리자는 복권 명령은 해당 영지를 황제 직할령으로 귀속시키자는 뜻과 같았다. 즉 페르디난트는 복권 명령이란 대의명분을 걸고 왕권을 강화하려 한 것이다. 황제의 속셈을 간파한 제후들은 신 구교를 막론하고 모두 반발했다. 결국 페르디난트는 자신의 권력 강화에 앞장선 인물로 지목된 명장 발렌슈타인을 해임함으로써 가톨릭 제후들을 달랠 수밖에 없었다.

페르디난트가 안으로는 개신교에 대한 강경책을 고수하고, 밖으로는 덴마크 전쟁에서 승리한 여세를 몰아 발트해로 진출하자 결국 또 다른 개신교 국가인 스웨덴이 나섰다. 복권 칙령이 선포된 지 1년 후인 1630년, 스웨덴은 개신교를 지킨다는 명분을 내걸고 전쟁에 뛰어들었다. 당시 스웨덴 왕은 후일 나폴레옹이 7대 명장名將 중 한 명으로 꼽은 구스타브 2세 아돌프Gustav II Adolf(재위: 1611~1632년)였다. '근대전近代戰의 아버지'로 불릴 만큼 전투에 능했던 구스타브 2세는 이듬해인 1631년, 라이프치히 근교인 브라이텐펠트Breitenfeld에서 신성로마 제국군을 격파했다. 30년 전쟁 발발 이래로 개신교 측이 처음으로 승리를 거두자 그동안 승승장구하던 황제측은 갑자기 수세로 내몰렸다. 전쟁을 끝낼 수 있었던 호기를 두 번씩이나 발로 차버린 페르디난트의 앞에 어언 꽃길은 사라지고 가시밭길이 활짝 열렸다. 1632년, 비록 구스타브 2세가 전사하긴 했지만 스웨덴은 라이프치히의 근교인 뤼첸 Lutzen에서 다시 한번 신성로마 제국군을 격파했다. 이후 승전은 했지만 지도자를 잃은 스웨덴군과 설욕에 나선 신성로마 제국군은 독일 땅에서 3년 동안 서로 치고받았다. 1635년에 가서야 간신히 스웨덴군을 물리친 페르디난트는 뒤늦게 개신교 측과 평화 협정을 체결해 전쟁을 마무리하려 했지만 때는 이미 늦었다. 간신히 눈앞에 있는 적들을 물리치고 나니, 그들의 등 뒤에 숨어 충동질하던 무서운 적이 정체를 드러낸 것이다.

스톡홀름의 리다르홀름Riddarholm 교회 안에 있는 구스타브 2세 아돌프의 영묘

7.

　프랑스는 백여 년 전 카를 5세Karl V(재위: 1519~1556년)로 대표되는 합스부르크의 악몽을 잊을 수 없었다. 합스부르크가家의 포위망을 벗어나기 위해 선왕 프랑수아 1세François I가 얼마나 발버둥 쳤던가? 아니, 카를 5세 이전에도 프랑스는 항상 신성로마 제국에 밀렸고, 지금도 합스부르크가家는 프랑스의 배후인 스페인의 왕위를 차지하고 있지 않던가? 그런 프랑스에 같은 가톨릭 국가라는 말은 아무 의미 없었다. 신성로마 제국을 약화弱化시키기 위해서라면 악마에게 영혼이라도 팔 프랑스였다. 신성로마 제국이 30년 전쟁의 구렁텅이에 빠져있을 때 프랑스 왕은 앙리 4세의 뒤를 이은 루이 13세Louis XIII(재위: 1610~1643년)였다. 그런데 하필이면 이런 중차대한 시기에 프랑스 왕은 음악과 사냥을 좋아하는 한량이었다. 하지만 그런 루이 13세가 사람은 잘 쓴 걸 보면 아무래도 행운은 프랑스 편이었던 모양이다. 스물네 살이 되던 해인 1624년, 도무지 정사政事엔 관심이 없었던 프랑스 왕은 리슐리외Richelieu란 추기경을 재상宰相으로 발탁했다. 그리고는 리슐리외가 죽는 1642년까지 18년 동안을 변함없이 그에게 전권을 부여했다.

　프랑스에서 왕을 대신하여 왕국을 이끄는 재상 정치를 처음으로 편 리슐리외(1585~1642년)는 소르본Sorbonne 대학에서 신학을 전공한 성직자였다. 하지만 그는 독실한 성직자라기보단 뛰어난 수완을 지닌 정치가였다. 역대 프랑스 왕들을 뺨칠 정도로 현실적이었던 그는 스웨덴을 격파한 신성로마 제국이 정상으로 돌아가는 모습을 그대로 두고 볼 생각이 전혀 없었다. 스웨덴이 패배한 마당에 그들의 구원 요청이 없더라도 어차피 전면에 나설 프랑스였다. 1635년, 프랑스는 배후에 있는 스페인에 선전포고를 하는 한편, 독일 내에 주둔하고 있던 스웨덴과 합세했다. 중세 이래로 유럽의 헤게모니를 둘러싸고 다투었던 숙명의 라이벌, 프랑스와 오스트리아가 각자의 명운을 걸고 맞부딪친 것이다. 앙리 4세 이래로 충실히 국력을 다진 프랑스는 충분한 승산이 있다고 자신했다. 반면에 합스부르크가家의 신성로마 제국은 사정이 여의치 않았다. 벌써 17년째 이어져 온 전쟁은 신성로마 제국을 피폐시키기에 충분했다. 설상가상으로 이 전쟁을 일으킨 장본인인 페르디난트 2세는 1637년, 오랜 전쟁으로 만신창이가 된 제국을 남겨놓은 채 세상을 떴다.

돌이켜보면 페르디난트 2세만큼 성실한 군주도 드물었다. 프랑스 왕들과는 달리 그의 궁정은 검소했고, 적으로부터 몰수한 재산은 대부분 신하들에게 나누어주는 절제력을 보였다. 페르디난트는 앙리가 즐겼던 난잡한 생활과는 거리가 먼, 흡사 수도사와도 같은 삶을 살았다. 뛰어난 재능을 타고나지는 못했지만, 의지력이 강했던 그는 당시대 사람들로부터 선량하고 너그러우며 상냥한 군주로 평가받았다. 하지만 페르디난트의 의도와는 달리 신성로마 제국은 그가 벌여놓은 30년 전쟁 때문에 엉망진창이 되고 말았다. 이로 인해 그는 선조들이 대대로 견지해 온 '프랑스 왕가에 대한 합스부르크가家의 우위'를 상실했다. 도대체 무엇이 잘못되었기에 그토록 열심히 살았던 페르디난트에게 그런 재앙이 닥쳤을까? 동시대인들이 그를 평가한 다음 한 마디가 그 요인을 압축적으로 보여준다. "가톨릭교도들은 그를 성인聖人 같은 군주라고 생각했고, 개신교도들은 그를 폭군暴君이라며 두려워했다." 물론 모든 신민臣民들이 최고 통치자를 지지하고 따르란 법은 없다. 동서고금을 막론하고 한 국가체제 내에는 항상 지지자과 반대자가 갈리기 마련이다. 하지만 이렇게까지 국론이 극과 극으로 나뉜다면 이야기가 달라진다. 페르디난트는 지금까지 합스부르크가家가 자랑해온 가장 강력한 무기를 잃어버렸다. 그것은 다름 아닌 관용寬容이었다. 30년 전쟁은 관용이 없는 지도자가 이끄는 국가가 얼마나 철저히 망가질 수 있는지를 보여주는 좋은 사례였다.

30년 전쟁은 페르디난트 2세가 죽은 후에도 11년을 더 끈 후인 1648년에 가서야 끝났다. 이 전쟁의 후반부는 새로 뛰어든 프랑스의 독무대라 해도 과언이 아니었다. 1643년에는 스페인을 격파했고, 이듬해인 1644년에는 가톨릭 동맹의 중심세력인 바이에른을 물리치면서 승부의 추는 급격하게 프랑스 측으로 기울었다. 1648년 봄, 스웨덴이 프라하를 점령하자 더 이상은 버틸 수 없게 된 신성로마 제국은 협상의 장으로 나왔다. 전쟁 당사국들은 1648년 '베스트팔렌 조약Peace of Westphalia'을 맺어 30년이나 끌어온 전쟁을 마무리했다.

'최초의 국제전쟁'으로 불리는 30년 전쟁의 결과 체결된 베스트팔렌 조약은 '신성로마 제국의 사망 신고서'라고 불릴 만큼 합스부르크가家에 결정적인 타격을 주었다. 이 조약의 결과 그렇지 않아도 독립적이었던 신성로마 제국 내의 영방국가領邦國家들에게는 완전한 주권이 주어졌다. 독일 내에는 300여 개의 크고 작은 독립국가가 생기면서, 지금까지 황제가 주도했던 신성로마 제국이 사실상 해체되었다. 패배한 합스부르크가家에겐 실체도 없는 '신성로마 제국 황제'란 명칭만 공허하

- 1648년 당시 신성로마 제국 영역
- 브란덴부르크-프로이센 동군연합 영역
- 합스부르크(오스트리아계) 가문 영역
- 합스부르크(스페인계) 가문 영역
- 베네치아 영역
- 독립을 인정 받은 국가: 스위스, 네덜란드

(1) 프랑슈 콩테 (2) 밀라노 (3) 스페인령 네덜란드 (4) 서포메른 (5) 동포메른
(6) 슐레지엔 (7) 쾨니히스베르크 (8) 베를린

게 남게 되었다. 한때는 프랑스를 제외한 전 유럽을 호령했던 합스부르크가家였건만, 이제는 수많은 영방국가 중에 그나마 가장 큰 영방국

가란 위치에 만족해야 했다. 그런데 합스부르크가家의 쇠퇴는 합스부르크가家의 문제로 끝나지 않고, 독일 전체의 문제로 번지게 되었다. 신성로마 제국의 해체는 중세 이래로 프랑스를 막아왔던 독일의 방파제가 무너졌음을 뜻했다. 이는 앞으로 승승장구할 프랑스의 독주를 막을 상대가 독일 내에는 없다는 말이기도 했다. 300여 개 영방국가로 갈가리 찢어진 독일이 어떻게 통합된 프랑스에 대적할 수 있겠는가? 이제 독일은 '새로운 피'의 출현이 절실히 필요하게 되었다. 그리고 그 '새로운 피'는 희한하게도 30년 전쟁의 폐허 위에서 싹을 틔우고 있었다.

제5장
독일의 대표선수 교체: 합스부르크에서 호엔촐레른으로
프리드리히 대왕Friedrich der Große과 마리아 테레지아Maria Theresia

"우리가 슐레지엔을 차지하는 것이 정당하냐, 아니냐의 문제는 내게 중요하지 않소. 정당성의 문제는 대신大臣들의 문제이고, 지금은 군 출동을 비밀리에 내려야 할 때요! 나는 지금 전쟁을 시작하려 하며 이 전쟁에서 제군들의 용감성과 나의 행운만을 믿소. 그 밖에 우리를 도와줄 것은 아무것도 없소."

-프로이센 국왕 프리드리히 2세Friedrich II der Große

"역사 속에서 나보다 더 좋지 않은 상황에서 나라를 떠맡게 된 군주의 사례를 찾기는 힘들 겁니다. 나는 합스부르크 제국처럼 분열된 나라들을 다스려야 하는 경험과 지식이 거의 없었습니다. 부황父皇은 대내외 정책에 단 한 번도 나를 끌어들인 적도 없었고, 알려준 적도 없었습니다."

-오스트리아 여대공女大公 마리아 테레지아Maria Theresia

1.

1648년, 30년 전쟁을 마무리한 베스트팔렌 조약 이후 유럽의 정세는 어떻게 돌아갔을까? 서부 유럽에서는 영국과 프랑스가, 동부 유럽에서는 러시아가 중앙집권체제를 강화하며 착실히 국력을 키워나갔다. 그러나 중부 유럽은 합스부르크가家가 이끌던 신성로마 제국이 껍데기만 남으면서 '군웅할거시대群雄割據時代'로 접어들었다. 베스트팔렌 조약으로 독일 내 수많은 영방들이 독립하자, 가뜩이나 결속력이 약한 신성로마 제국이 와해되어 힘의 공백이 생겼기 때문이었다. 이로 인하여 18세기 전반 중부 유럽지역은 독일 내 영방들 간의 갈등 속에 영국, 프랑스, 러시아 등의 열강이 끼어들어 크고 작은 전쟁터가 되어버렸다. 이런 판국에 '엎친 데 덮친 격'으로 독일을 대표하는 합스부르크가家에 위기가 찾아왔다. 1740년, 신성로마 제국 황제이자 오스트리아 대공인 카를 6세Karl VI(재위: 1711~1740년)가 후사를 이을 아들을 남기지 못한 채 세상을 뜬 것이다.

'부자는 망해도 3년은 간다.'라는 속담이 있듯이, 신성로마 제국의 약화로 예전만은 못했지만 합스부르크가家의 오스트리아는 여전히 독일 내 강력한 영방이었다. 그들은 비록 이름뿐이었지만 황제 자리를 꿰차고 있었고, 헝가리와 보헤미아, 북부 이탈리아와 폴란드의 일부 지방, 크로아티아와 슬로베니아 등 광대한 영지를 가지고 있었다. 그런 합스부르크가家의 오스트리아에 합법적인 후계자가 없다면 보통 문제가 아닐 터였다. 젊은 시절 스페인 왕위 계승전쟁을 경험했던 카를 6세는 즉위 초부터 이 점을 충분히 알고 있었다. 이에 카를 6세는 최악의 경우에 대비하여 일찌감치 '국사조칙Pragmatische Sanktion'이란 비상대책을 마련했다.

1713년에 발표된 국사조칙은 합스부르크가家의 영지는 분할 상속할 수 없으며, 여계 상속女系 相續, 즉 딸에게도 계승권이 있다는 내용을 담고 있다. 여기서 그 유명한 '살리카 법Lex Salica'이 다시 나온다. 본래 살리카 법은 여성의 왕위 계승을 금했지만, 카를 6세는 오스트리아는 예외라고 주장했다. 그 근거로는 1156년 당시 신성로마 제국 황제였던 프리드리히 1세가 오스트리아를 대공국大公國으로 격상시키면서, 남계 男系 상속자가 없을 경우 자체적으로 정할 수 있는 특권을 부여했다는 것이었다. 옛날 옛적 고리짝 시절까지 거슬러 올라가 해당 근거를 찾아낸 집념도 놀랍거니와, 재위기간 내내 주변국들로부터 이를 인정받기 위해 쏟은 외교적 노력은 더욱 대단했다. 카를 6세의 가장 큰 업적이 국사조칙을 인정받은 것이었다고 할 만큼, 그는 합스부르크가家의 오스트리아를 존속시키기 위한 사전작업에 몰두했다. 그 결과 그가 죽을 즈음에는 거의 모든 유럽국가가 국사조칙을 승인한 터였다. 하지만 주변국들의 승인은 그가 살아있을 때에만 그 효력이 있다는 데에 문제가 있었다.

1740년, 카를 6세의 장녀 마리아 테레지아Maria Theresia가 스물세 살의 나이로 아버지의 뒤를 이어 합스부르크가家의 수장首長이 되었다. 그러나 후에 '자신만큼 최악의 상황 하에서 나라를 떠맡은 군주는 없을 것'이라며 한탄했을 정도로 그녀의 앞에는 가시밭길이 펼쳐 있었다. 마리아 테레지아를 위협하는 요인은 한두 가지가 아니었다. 우선 합스부르크가家의 전유물이었던 신성로마 제국 황제 위는 남자 계승자가 없었기에 포기할 수밖에 없었다. 가지 많은 나무 바람 잘 날 없듯이 광대한 영지를 유지하기 위해 온갖 전쟁을 수행하다 보니 국고는 텅 비어있었다. 카를 6세가 평생 견지해온 반反 프랑스 정책은 실패로 끝났고, 말년에는 오스만 제국과의 전쟁에서 패하여 도나우강과 사바강 남쪽 지역을 상실했다.

이런 상황에서 '아무것도 모르는 여자'가 합스부르크가家의 막대한 유산을 물려받았으니 주위에서 가만히 있다면 오히려 이상할 판이었다. 아니나 다를까, 적은 항상 가까이에 있다더니 합스부르크가家와 인척관계인 작센과 바이에른이 먼저 들고일어났다. 이들은 국사조칙 승인을 번복한 후 합스부르크가家의 영지분할을 노렸다. 특히 바이에른 선제후의 경우는 신성로마 제국 황제 자리까지 탐했다. 후보를 낼수 없었던 합스부르크가家는 결국 바이에른 선제후에게 신성로마 제국 황제직을 빼앗겼고, 300여 년 동안 가문을 장식했던 명예로운 간판을 잃고 말았다.

하지만 이들은 곧이어 나타날 적에 비하면 아무것도 아니었다. 마리아 테레지아를 평생 괴롭힐 무서운 적은 엉뚱한 곳에서 나타났다. '프로이센Preußen'이란 이름의 신흥 독일 영방이었는데, 당시 프로이센의 군주는 마리아 테레지아보다 반년 앞서 즉위한 프리드리히 2세Frie-drich Ⅱ der Große(재위: 1740~1786년)였다. 프로이센의 신참 왕은 마리아 테레지아의 왕위 승계를 인정할 테니 대신 슐레지엔Schlesien 지방을 달라고 요구했다. 하지만 마리아 테레지아는 자신의 영지 중에서도 가장 암짜배기 땅인 슐레지엔을 순순히 내어줄 정도로 '아무것도 모르는 여자'는 아니었다. 그녀는 즉각 프로이센의 요구를 거절했고, 이에 질세라 프리드리히 2세는 다짜고짜 슐레지엔 지방으로 쳐들어왔다. '오스트리아 왕위계승전쟁', 일명 '슐레지엔 전쟁'(1740~1748년)은 이렇게 시작되었다.

오스트리아와 프로이센이 '오스트리아 왕위계승전쟁'과 그 후의 '7년 전쟁'(1756~1763년)을 벌여가면서까지 다투었던 슐레지엔은 어떤 곳이었을까? 오스트리아가 본래 보헤미아 왕국의 영지였던 슐레지엔을 영유하게 된 것은 200여 년 전인 1526년부터였다. 그 해에 벌어진 모하치 Mohács 전투에서 헝가리 왕이자 보헤미아 왕인 러요시 2세Lajos Ⅱ는 오스만 제국과 싸우다 후사 없이 전사했다. 이렇게 되자 보헤미아 왕위와 헝가리 왕위는 자연스럽게 사돈 집안인 합스부르크가家에게 넘어왔고, 덤으로 슐레지엔도 차지할 수 있었다. 하지만 프리드리히 2세도 할 말은 있었다. 그의 증조부인 '대 선제후'가 황제를 지원한 대가로 슐레지엔을 받기로 했지만 그 약속이 지켜지지 않았다고 주장한 것이다. 아무튼 그 진위를 떠나 당시 슐레지엔은 오스트리아와 프로이센 모두 양보할 수 없는 지방이었다. 합스부르크 가문에게 슐레지엔은 자신의 총 영지에서 거두는 세수의 22%를 차지하는 황금알을 낳는 거위였다. 반면 프로이센은 경제적인 문제에 더하여 더 절박한 사정이 있었다. 당시 프로이센의 전체 인구가 220만 명이었는데, 슐레지엔의 인구만도 150만 명이었던 것이다.

2.

그렇다면 이 책에서 처음 언급되는 프로이센이란 어떤 나라였을까? 앞 장 마지막에서 독일의 '새로운 피'가 30년 전쟁의 폐허 위에서 싹트고 있다고 말했었다. '독일'이라면 지금도 많은 사람들이 '독일 병정'이나 '독일 정신'을 제일 먼저 떠올린다. 여기서 '독일'이란 다름 아닌 '프로이센'을 말함이니, 17세기 중엽에 이르러서야 역사의 무대에 나타난 프로이센의 연원은 어떠했을까? 앞으로 독일 내에서 합스부르크가家의 오스트리아와 치열하게 다툴 프로이센은 호엔촐레른Hohenzollern가家가 일으켜 세웠다. 재미있는 사실은 500여 년 전의 합스부르크가家가 그랬듯이, 호엔촐레른가家 또한 독일 남서부 슈바벤 지방의 보잘것없는 지방영주에서 출발했다. 그런 호엔촐레른가家가 도약하게 된 계기는 두 번에 걸쳐 새로운 영지를 획득하면서부터였다.

프로이센의 첫 번째 도약은 1415년, 호엔촐레른가家가 신성로마 제국에 협력하여 오스만 제국을 물리친 대가로 황제의 영지인 브란덴부르크Brandenburg 변경백령邊境伯領을 하사받았을 때였다. 이때 호엔촐레른가家에는 새로운 영지와 함께 선제후選帝侯라는 작위까지 굴러들어왔다. 이로써 그저 그런 군소영주에 불과했던 호엔촐레른가家는 일약 선제후選帝侯의 반열에 올라섰다. 하지만 당시 브란덴부르크는 아무것도 없는 변경지역으로, 슬라브족의 서진西進을 저지하던 최전선 기지에 불과했다. 그런 빈곤한 브란덴부르크를 격에 맞지 않는 선제후령選帝侯領으로 승진시킨 데에는 기존 선제후들을 견제하고 자신의 세력을 강화하려는 황제의 숨은 뜻이 있었던 듯하다.

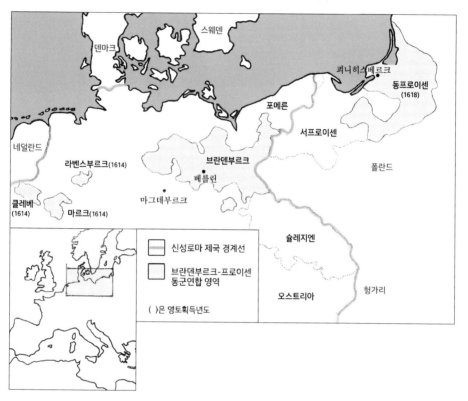

두 번째 도약은 그로부터 200여 년 후인 1618년, 호엔촐레른가家가 프로이센 공국을 상속받아 브란덴부르크-프로이센 동군연합同君聯合을 성립시켰을 때였다. 프로이센은 원래 발트해에 면한 지역으로 지금의 북부 폴란드 및 리투아니아 일부 지역에 해당한다. 비기독교 지역이었던 프로이센이 기독교 세계로 편입된 데에는 튜턴 기사단German Order의 활약이 컸다. 1223년, 제3차 십자군을 지원할 목적으로 창립된 튜턴 기사단은 교황의 지원을 받아 프로이센 지역을 기독교화하기 위한 정복전쟁을 벌였다. 이들은 50여 년에 걸친 싸움 끝에 프로이센 토착

민 대부분을 몰살시킨 후 이 지역에 대한 지배권을 확립했다. 튜턴 기사단의 프로이센 점령은 게르만족의 동방 진출을 알리는 신호탄이었다. 하지만 슬라브족의 반격도 만만치 않았다. 그로부터 200여 년이 지난 16세기 초, 이번에는 지역 강국으로 부상浮上한 폴란드가 튜턴 기사단 영지를 넘봤다. 튜턴 기사단은 폴란드에 대항해 싸웠지만 패하고 말았다. 승리한 폴란드는 프로이센 지역을 둘로 나누어 서西프로이센은 자국의 영토로 삼았고, 동東프로이센은 별도 공국公國을 세운 뒤 종주권을 행사했다. 1618년 호엔촐레른가家가 상속받은 프로이센 공국은 바로 이 동東프로이센 지역이었다.

1618년, 브란덴부르크 선제후는 프로이센 공국을 지배하던 호엔촐레른 방계 가문이 단절되자, 종전처럼 폴란드를 종주국으로 인정하는 조건으로 프로이센 공국을 상속받았다. 하지만 이렇게 탄생된 브란덴부르크-프로이센 동군연합은 태생적으로 너무 취약한 국가체제였다. 브란덴부르크 후국侯國과 프로이센 공국公國이 폴란드 영토인 서西프로이센 지역에 의해 서로 떨어져 있기 때문이었다. 여기에 더하여 브란덴부르크-프로이센 동군연합의 군주는 신성로마 제국 내에서는 브란덴부르크 선제후지만, 신성로마 제국 밖에서는 폴란드 왕의 봉신인 프로이센 공작이란 이중적인 위치에 있었다. 인구가 적고 경제수준이 낮은 브란덴부르크의 선제후는 제국 내 중소 영방의 영주에 불과했고, 폴란드의 봉신인 프로이센 공작은 종주국의 눈치를 봐야 했다.

✺ 칼리닌그라드Kaliningrad(옛 쾨니히스베르크Königsberg)에서

북쪽의 리투아니아Lithuania와 남쪽의 폴란드Poland 사이에 끼인 채 서쪽으로 발트Balt 해에 접해있는 칼리닌그라드Kaliningrad는 러시아 본토에서 홀로 떨어져있는 '러시아 대륙의 섬'이다. 도시의 기원은 합스부르크 왕가의 시조인 루돌프 1세Rudolf I에 맞서 싸웠던 오타카르 2세 Otakar II(재위: 1253~1278년)로 거슬러 올라간다. 본래 '왕의 도시'란 뜻의 '쾨니히스베르크Königsberg'란 독일식 이름을 가졌던 이 도시의 역사는 1256년부터 시작되었다. 그 해에 튜턴 기사단은 보헤미아 국왕 오타카르 2세의 지원을 받아 쾨니히스베르크성城을 축성했다. 이후 프로이센 지역의 전진기지 기능을 수행했던 쾨니히스베르크는 1525년부터 1701년까지 프로이센 공국의 수도였고, 1701년 베를린으로 수도가 옮겨간 후에도 역대 프로이센 왕들이 대관식을 치른 곳이었다. 이렇게 제2차 세계 대전 전까지 북동부 독일 변경지역의 거점 도시였던 쾨니히스베르크는 패전 후 소련으로 넘어갔다. 1946년, 쾨니히스베르크는 미하일 칼리닌이란 최고 소비에트 간부회 의장의 이름을 따서 칼리닌그라드란 러시아식 이름으로 바뀌었다.

칼리닌그라드 시내를 동서로 관통하여 발트 해로 흐르는 프레골랴 Pregolya강에는 '끄라이쁘프'란 이름의 작은 섬이 있다. 프로이센 시절엔 쾨니히스베르크의 중심이었던 이 섬의 현재 모습을 보고 있노라면, 새삼 역사의 발전이 꼭 시간에 정비례하지는 않는다는 사실을 절감하게 된다. 쾨니히스베르크 대성당을 중심으로 아름다운 건물들로 가득

프로이센 군주들의 대관식이 거행되었던 쾨니히스베르크 대성당

했던 옛 모습은 온데간데없고, 지금은 그저 울창한 숲속에 쾨니히스베르크 대성당만 외로이 서있을 뿐이다. 이 도시도 제2차 세계대전의 전화戰禍를 패해가지 못해서 전전戰前에 37만 명이던 도시 인구가 전후戰後엔 겨우 5만 명만 남았다고 한다. 독일 여행을 하다 보면 온 나라를 불구덩이 속으로 끌어들인 히틀러의 폐해가 얼마나 컸는지 실감하게 된다. 한편 폭격으로 파괴되어 방치되었다가 1995년에야 복원된 쾨니히스베르크 대성당을 보면 절로 웃음이 나온다. 붉은 벽돌로 우직하게 쌓아 올린 성당의 정면 파사드façade는 오른쪽에 높이 솟은 첨탑만 없다면 보세창고 건물처럼 보인다. 아무런 장식도, 그 흔한 석상 하나 없이 그저 단순 소박한 성당의 모습은 옛 프로이센의 품성을 짐작게 한다. 성당 내부 모습 또한 겉모습과 크게 다르지 않다. 모자이크로 장식된 창문만 일부 복원되었을 뿐, 파괴되기 전의 화려함은 생략한 채 벽과 천정은 하얀색 회칠로 단순하게 처리했다. 예전엔 이곳에

칼리닌그라드의 '승리 광장'

서 프로이센 국왕들의 대관식이 거행되었다지만, 지금은 어느 곳에서
도 프로이센의 발자취를 찾아볼 수 없다. 그나마 프로이센의 발자취
가 남아있는 곳은 성당 뒤편이다. 성당 건물 뒤편 모퉁이엔 사암기둥
을 받쳐 이은 작은 지붕 아래로 칸트Immanuel Kant(1724~1804년)의 묘가
있다. 평생을 쾨니히스베르크로부터 100마일 이상 떨어진 외지로 가
본 적이 없다는 그가 즐겨 산책하던 곳이 어디였을지 궁금하다. 칸트
의 묘 맞은편에 서 있는 프로이센 군주의 동상을 보고 있으려니 일단
의 단체 여행객들이 몰려온다. 하나 같이 족히 칠십은 넘어 보이는 독
일 노인네들인데, 참배 온 저들은 지금 무슨 생각을 하고 있을까?

독일의 도시에서 러시아의 도시로 바뀐 지 70년이 지났건만, 칼리닌
그라드 시내에서 볼거리란 프로이센이 남긴 유적밖에 없다. 러시아가

내세울 수 있는 명소를 굳이 꼽는다면 시 중심부에 조성된 승리 광장 정도다. 하지만 광장은 넓기만 했지, 전혀 실속이 없다. 러시아 전통양식으로 지은 구세주 그리스도 성당은 벌써부터 내부 보수공사로 어수선하고, 옆의 부속건물들도 부실해서 얼마나 버틸 수 있을지 의심스럽다. 곳곳이 패여 있는 도로와 회색빛 아파트들로 들어찬 남루한 시내는 도대체 그동안 이들은 뭘 했을까 하는 생각을 절로 들게 한다. 러시아인이 대부분임에도 불구하고 독일로의 귀속을 희망하는 주민들이 많다는 사정이 이해도 된다.

시내 곳곳에 남아있는 프로이센의 유적 중에서 로마의 산탄젤로성을 닮은 브랑겔 탑DER WRANGEL을 찾았을 때의 일이었다. 임자 없는 유적들이 흔히 그렇듯이 브랑겔 탑도 거의 방치하다시피 폐쇄된 채 일반인의 출입을 금하고 있었다. 아쉬운 마음에 철책 문 앞에서 서성이는데, 마침 안에 있던 러시아 중늙은이가 보인다. 말은 통하지 않지만 잠깐 들어갈 수 있냐는 내 시늉에 주위를 둘러보더니 재빨리 나를 안으로 끌어들인다. 탑 입구 위로 무성하게 흘러내린 담쟁이를 걷어내고 손전등까지 챙겨준 그는 나를 탑 안으로 안내해 준다. 천정에 '1856'이란 숫자가 쓰인 석판이 붙어있는 탑 안은 그저 황량할 뿐이다. 한참을 둘러본 후 고마운 마음에 100루블을 손에 쥐여주었더니 짧은 영어로 자꾸 말을 걸어온다. 그의 뜻을 이해 못 한 나는 이곳에서 유명하다는 호박이나 기념품 상점으로 가자는 줄 알았다. 하지만 그가 찾아 나선 곳은 간단하게 맥주 한잔할 수 있는 주점이었다. 오전부터 문 여는 곳이 없었기에 그냥 헤어지긴 했지만, 같은 백인이라도 서구인과는 많이 다른 러시아인의 정이 그리 싫지는 않았다.

브랑겔 탑DER WRANGEL

3.

같은 원석原石도 주인 만나기 나름이라고, 브란덴부르크-프로이센 동군연합이 도약하기 위해서는 새로운 주인이 필요했다. 그리고 이러한 요청에 부응하여 출현한 사람이 대大 선제후 프리드리히 빌헬름 1세 Friedrich Wilhelm I(재위: 1640~1688년)이었다. 참고로 호엔촐레른가家 군주들은 대대로 '프리드리히Friedrich'란 이름을 썼다. 따라서 우리는 앞으로 이들을 구분하기 위해서 브란덴부르크-프로이센 동군연합의 프리드리히 빌헬름 1세를 '대 선제후-Great Kurfürst 프리드리히'라 부르자.

1640년, 대 선제후 프리드리히가 즉위했을 때는 30년 전쟁이 막바지로 접어들 때였다. 스무 살의 젊은 나이로 선제후가 된 프리드리히가 부친으로부터 물려받은 것은 전쟁으로 황폐해진 영지와 텅 빈 곳간뿐이었다. 파괴된 도시에서 백성들은 굶주림에 못 이겨 개와 쥐를 잡아먹으며 연명할 지경이었다. 이런 최악의 상황을 해결하기 위해서 대 선제후 프리드리히는 극단적인 조치를 취했다. 그는 완고하게 기득권을 고집하는 '융커Junker'라 불리는 보수적인 토지 귀족들과 타협했다. 대 선제후는 이들 융커로부터 토지세를 걷는 대신에 막대한 특권을 주었다. 융커들이 자영농민의 토지소유권을 일방적으로 폐지할 수 있는 권리를 용인한 것이다. 그 결과 대부분의 농민들은 융커에게 예속된 농노農奴로 전락했다. 이렇게 온 국민을 농노로 몰아넣은 대가로 받은 돈으로 프리드리히는 상비군常備軍을 창설했다. 프로이센이 국력國力에 비하여 어울리지 않는 강대한 군사력軍事力을 갖춘 군국주의로 가는 길을 처음 연 사람은 대 선제후 프리드리히였다.

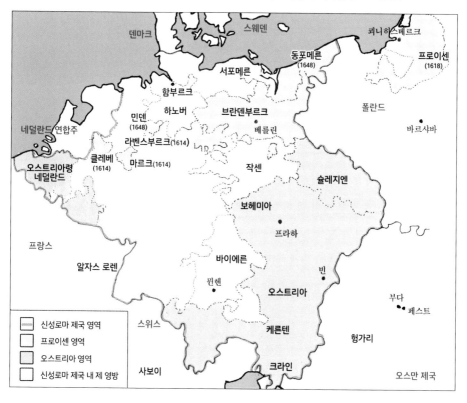

대 선제후 프리드리히에게는 여기저기 흩어져 있는 영지를 끌어모은 후, 각 영지마다 서로 다른 법률과 신분제 의회를 통일시켜 중앙집권화를 이뤄야 하는 난제가 주어졌다. 당시 브란덴부르크-프로이센 동군연합은 30년 전쟁에서 개신교 측에 선 덕에 브란덴부르크 인근의 포메른Pommern과 마그데부르크Magdeburg 등을 획득했지만, 아직도 브란덴부르크 후국과 동東프로이센 공국은 서로 떨어져 있는 상태였다. 또한 1618년 동東프로이센을 상속받을 때 함께 획득한 클레베Kleve와 라벤스부르크Ravensburg 등지도 브란덴부르크에서 멀리 떨어져 있었다.

따라서 대 선제후는 어떻게 해서든 서로 떨어져 있는 영지들을 통합하여 역량을 모으는 방법을 찾아야 했다. 결국 대 선제후는 50여 년의 재위기간 동안 비상한 국정 수완을 발휘하여 이 어려운 과제를 성공적으로 해결했다. 브란덴부르크와 프로이센을 비롯한 각 영지에서 '분담금' 명목으로 직접세를 징수하여 베를린 중앙정부로 이관하는 국가 재정 단일화를 이루어낸 것이다. 대 선제후는 세금의 부과 및 징수를 귀족이나 융커가 아닌 국가기관에게 맡겼다. 여기서 정립된 프로이센의 일사불란一絲不亂한 공무원 조직은 '신중함', '정확함', '근면함', '책임감'으로 대표되는 소위 '프로이센의 미덕美德', 즉 후일의 '독일 정신'을 낳는 산실産室이 되었다.

대 선제후 프리드리히가 풀어야 할 두 번째 난제는 부족한 인구를 확충하여 산업을 발전시키는 일이었다. 프로이센의 인구 규모는 그의 재위 초기에 유럽국가들 중에서 20위에 불과했다. 대 선제후는 이를 해결하기 위하여 외국으로부터 이민자들을 적극적으로 받아들였다. 그의 처가인 네덜란드로부터는 대규모의 농민들을 유치하여 그들로부터 선진 관개법灌漑法과 낙농기술을 배웠다. 프랑스의 루이 14세가 낭트 칙령을 철폐하면서 위그노들을 탄압하자, 피신 온 2만 명에 달하는 위그노들을 받아들여 상공업을 발전시켰다. 그뿐만 아니라 대 선제후 프리드리히는 프랑스를 모방하여 중상주의重商主義 정책을 채택하여 부국강병책을 추진했다. 그러나 이러한 모든 조치는 강력한 군사력을 확보하기 위한 수단으로 귀결되었다. 그 결과 대 선제후가 즉위할 즈음에 4천 명에 불과했던 상비군은 그가 세상을 뜬 1688년에는 2만 4천 명으로 늘어나 있었다. 브란덴부르크-프로이센 동군연합국은 대 선제후 프리드리히 대代에 이르러 비로소 국가의 기본 틀을 다질 수 있었다. 하지만 세상사란 빛이 있으면 어둠도 있는 법이다. 대 선제후가 길을 연 프로이센의 군국화는 두고두고 프로이센이란 국가에 약藥과 함께 독毒이 되었다.

✳ '독일 정신'의 명明과 암暗

흔히 우리는 미국인은 어떠하고, 프랑스인은 어떠하며, 일본인은 어떻다는 식으로 말한다. 하지만 사실은 한 나라를 이렇게 단순화해서 평가하기는 힘들다. 그중에서도 오랜 지방분권 하에 있었던 독일의 경우는 더욱 그렇다. 독일과 이탈리아가 다른 이상으로 베를린과 함부르크는 도저히 같은 나라의 도시로 볼 수 없을 만큼 이질적이다. 우리가 알고 있는 '독일 정신'이란 개념도 지방에 따라 편차가 큰 것 같다. 베를린을 중심으로 한 예전 프로이센 지역, 즉 통일 전 동독 지역을 중심으로 해서 멀리 떨어질수록 그 강도가 옅어지기 때문이다. 필자는 독일여행 중에 특히 베를린을 중심으로 한 지역에서 은연중 주눅이 들었던 기억이 난다. 다른 어떤 곳에서도 느껴보지 못한 이러한 감정을 일으키는 소위 '독일 정신'이란 무엇일까? 필자가 겪은 양극단의 경험은 다음과 같다.

독일의 정치 중심이 베를린, 경제 중심이 프랑크푸르트라면, 문화 중심은 튀링겐Thüringen주에 있는 바이마르Weimar라 할 수 있다. 인구 6만여 명에 불과한 소도시지만, 바이마르는 18세기 이후로 독일 문화의 중심이자 독일 계몽주의의 산실이었다. 그리고 그 중심에는 바이마르 공국의 재상으로 봉직했던 괴테가 있었다. 괴테 이외에도 바이마르에서 활약한 인물로는 실러Schiller, 푸시킨과 같은 문학가와 바흐, 리스트, 슈트라우스와 같은 음악가 등 쟁쟁한 사람들이 많았다. 그런 탓으로 지금도 시내 곳곳에는 그들의 족적이 남아있다.

바이마르 괴테-실러 극장 앞의 괴테와 실러 동상

라이프치히Leipzig에서 에르푸르트Erfurt로 가는 길에 바이마르가 보이기에 기차에서 반사적으로 내렸다. 비 오는 날 아무 준비 없이 '바이마르 공화국'이란 이미지만 갖고 대면한 낯선 도시는 여행객을 당혹시키기에 충분했다. 그럴 때 최우선 과제는 여행자 안내소를 찾아 숙소부터 정하는 일이다. 택시를 잡아타고 여행자 안내소에 들러 숙소를 소개받을 때까지는 무난했다. 구시가지라야 손바닥만 하기에 안내소 직원이 알려준 주소와 숙소 명만 있으면 금방 찾을 것 같았다. 하지만 도통 찾을 수가 없어 지나가는 행인들에게 물어도 고개만 갸웃거릴 뿐이다. 한참을 헤매다 할 수 없이 근처에 있는 호텔에 들어가 프런트 아가씨에게 주소를 내밀었다. 그녀는 싹싹하게 약식 지도까지 그려주며 자세히 알려준다. 덕분에 숙소를 찾고 보니 4층짜리 개인 집 중에

3층이었다. 간판이 있을 것이란 고정관념 때문에 괴테 박물관 바로 코앞에 있는 숙소를 몇 번이고 놓친 것이다. 이제는 되었다 싶어 초인종을 눌렀지만 이상하게 아무 반응이 없다. 잠시 후 1층 옷가게 주인아줌마가 무슨 일이냐 묻는다. 사정을 말했더니 집주인은 여기 살지 않는다며 대신 연락해주겠단다. 통화를 마친 그녀는 30분 정도 기다리면 주인이 온다고 말해준다. 부슬부슬 내리는 봄비에 처량하게 남의 집 앞에 서 있다 보니 자꾸 조급증이 밀려온다. 얼추 시간이 되어 가는데 별다른 소식이 없자, 아까의 호텔에 여장을 풀고 빨리 시내 구경하는 게 낫겠다는 생각이 들었다. 그런데 별생각 없이 방이 있냐고 묻는 내게 되돌아온 프런트 아가씨의 질문이 내 뒤통수를 강타했다. 찾고 있던 숙소는 어떻게 되었냐는 것이다. 먼저 한 약속을 그렇게 일방적으로 파기하면 기다리는 쪽은 어떻게 하냐며 그쪽 먼저 해결하고 오라는 젊은 처녀의 말에 귓불까지 빨개져 왔다. 비 오는 날 객실이 텅텅 비어있는 호텔 종업원의 입에서 설마 이런 말이 나오리라곤 꿈에도 생각 못 했다. 개인적인 이익에 앞서 사회 전체의 약속을 우선시하는 젊은이에게 압도당한 나는 끽소리 못하고 처음 숙소로 되돌아왔다. 오다 보니 과연 프런트 아가씨의 말이 옳았다. 멀리서 옷가게 주인아줌마와 한 할머니가 두런두런하는 모습이 보였던 것이다. 알고 보니 은퇴한 할머니가 노후대책으로 시내에 마련한 작은 아파트먼트가 내 숙소였다. 안도의 마음과 함께 빨리 바이마르를 보고 싶은 마음이 겹쳐 늦저녁까지 돌아다니다 뒤늦게 또 빠진 게 생각났다. 기다리고 있을 프런트 아가씨에게 결과를 말해줬어야 했다. 당연한 말이지만 '독일 정신'이란 하루아침에 체화되는 게 아니란 사실을 절감했다.

바이마르의 괴테 박물관, 오른쪽 노란색 건물

　독일의 수도 베를린을 처음 대하면 '사나운 개 콧등 아물 날 없다.'라
는 우리의 속담이 절로 떠오른다. 온갖 굴욕을 참고 도시를 지켜낸 파
리나 프라하와는 달리 베를린은 그야말로 쑥대밭이 된 폐허 위에 다
시 일어선 젊은 도시이기 때문이다. 여기저기 건설공사가 한창인 시내
를 둘러보다 보면 독일은 국내 건설 수요만으로도 앞으로 수십 년은
먹고살겠다는 생각이 들 정도로 베를린은 그야말로 철저히 파괴된 도
시였다. 전전戰前 프로이센 왕가의 상징이었던 베를린 왕궁이나 독일
통일을 기념하여 건립한 카이저 빌헬름 교회 같은 대표적인 명소들조
차도 전화를 피해가진 못했다. 티어 가르텐Tiergarten 공원 안에 있는
총탄 자국이 가득한 괴테의 석상은 전쟁의 상흔이 얼마나 깊었는지
말해준다. 그런 와중에 페르가몬 박물관과 신 박물관, 구 국립미술관
등이 모여 있는 박물관 섬이 살아남아 있다는 사실이 새삼스러웠다.
　2013년 보름간의 영국여행을 마치고 베를린으로 넘어왔을 때의 일이었다. 독일 패스를 사용하기 전에 역무원의 확인을 받아야 하기에 티어가르텐 역엘 갔다. 그런데 매표원 아가씨 말이 내 독일 패스의 사용기간인 1개월이 다 지났단다. 무슨 뚱딴지같은 소린가 놀란 마음에 살펴보니 사용일자 기입이 잘못되어 있었다. 독일 패스의 최초 사용일자를 기입하는 난에 2013. 6. 5일이 아닌 2013. 5. 5일로 기입한 것이다. 나 홀로 여행길에 정신이 없다 보니 그새 달이 바뀐 것을 헛갈려 범한 실수였다. 구입비만 50만 원에 상당하는 10회 권 독일 패스가 날아갈 위기에 처한 나는 매표원 아가씨에게 여권을 보이며 설득했다. 당신도 보다시피 내가 독일에 입국한 날짜가 2013. 6. 2일로 여권에 찍혀 있지 않느냐. 5월 5일이면 독일에 있지도 않은 내가 어떻게 패스를 사용할 수 있겠는가. 착각에 의한 오류니 이해해 달라는 내 말에 매표

박물관 섬의 페르가몬 박물관과 구 국립미술관

원 아가씨의 말이 바뀐다. 그런 건 내 알 바 아니고, 최초 사용일자 난은 우리가 기입하는 난인데 왜 당신이 기입했냐며 요지부동이다. 아무리 사정해 봐도 이 난은 당신이 기입할 난이 아니라는 대답만 돌아온다. 흡사 벽에다 대고 말하는 것 같은 답답함에 목소리가 커지자 뒤에 있던 책임자가 나선다. 이제는 말이 통하나 했지만 담당자의 말을 들은 책임자는 더 펄펄 뛴다. 나중에는 아예 문을 닫아걸고 상대조차 하지 않는 통에 뭐 이런 데가 다 있나 싶다. 30분 넘게 실랑이를 벌였지만 결국은 제풀에 지쳐 발길을 돌릴 수밖에 없었다. 돈도 돈이지만 너무나 억울한 마음에 여행이고 뭐고 그냥 집으로 돌아가고 싶었다. 그날 저녁 숙소 주인과 이 얘기 저 얘기 끝에 기차역에서 당한 횡액 얘기도 나왔다. 독일에서 산 지 30년이 넘은 교민이라는 그는 내 패스를 보더니 수정액으로 문제의 날짜를 지우고 내일 다른 역으로 가보잔다. 그렇게 하면 더 의심받지 않겠냐는 내 말에 어차피 못쓰게 된 패스니까 자기 의견에 따라보란다. 그러면서 하는 말이 이 사람들은 한번 말하면 자존심 때문에도 절대 번복하지 않으니 티어가르텐역 대신 베를린동물원역으로 가보잔다. 이튿날 '노느니 염불하는' 심정으로 그를 따라나섰다. 베를린동물원역의 매표창구로 간 숙소 주인은 할머니 매표원에게 족히 5분은 넘게 무언가를 열심히 설명하고 있었다. 이윽고 나를 쓱 쳐다본 할머니 매표원은 못마땅하다는 듯이 'No Good!' 하면서도 확인란에 도장을 꽝 찍어주었다. 그 순간 나는 기쁜 마음보다는 씁쓸한 마음이 들었다. 그렇게나 원리원칙을 강조한다면 이곳에서도 똑같은 결과가 나와야 하지 않겠는가? 동양에서 온 중늙은이가 그렇게 사정해도 눈 한번 깜빡하지 않고 한 장의 기차표도 아닌 열 장의 기차표를 다시 사라던 어제의 매표원 아가씨는 도대체 인간이었던 가, 아니면 기계였던가? 너무도 비인간적인 독일인을 대하다 보니 왜 이런 문명화된 나라에서 유대인 대량학살이란 말도 안 되는 참극이 벌어졌던지 알 것도 같았다. 뻔히 단순 실수임을 알면서도 무조건적인 규정 준수만 고집하는 이런 부류의 사람들이 있는 한, 독일이란 나라 는 정상권의 국가에 머물 수는 있을지언정 절대로 최정상 국가는 될 수 없으리란 생각이 들었다. 남부 이탈리아나 프랑스에서라면 문제도 안 될 일을 겪다 보니 그 후에도 독일이라면 무언가 복합적인 감정이 들곤 했다.

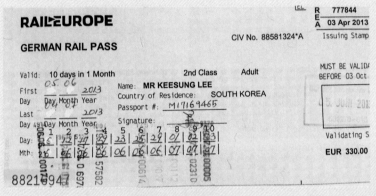

문제가 되었던 독일 패스

4.

프리드리히 2세의 가계도

| 증조 할아버지 | **프리드리히 빌헬름 1세** | 브란덴부르크-프로이센 동군연합 선제후 |
| | **'대 선제후'** | (1640~1688) |

할아버지 — **프리드리히 1세** — 브란덴부르크-프로이센 동군연합 선제후 (1688~1701)

프로이센 왕국 초대 국왕 (1701~1713)

아버지 — **프리드리히 빌헬름 1세** '군인 왕' — 프로이센 왕국 2대 국왕 (1713~1740)

본인 — **프리드리히 2세**[1] '대왕' — 프로이센 왕국 3대 국왕 (1740~1786)

( ) 안은 재위기간

대 선제후 프리드리히가 브란덴부르크-프로이센 동군연합의 군주로 즉위했던 1640년으로부터 꼭 백 년 뒤인 1740년, 그의 증손자인 프리드리히 2세Friedrich Ⅱ(재위: 1740~1786년), 일명 프리드리히 대왕Friedrich der Große이 프로이센 국왕으로 즉위했다. 앞에서 본 슐레지엔 침공을 단행한 프로이센 왕이 바로 그였다. 프랑스에 나폴레옹이 있다면, 독일

---

1) 프리드리히 2세 기준으로 자신의 이름은 한 대代를 건너뛰어 할아버지 프리드리히 1세의 이름을 물려받아 프리드리히 2세로 명명했다. 마찬가지로 아버지 프리드리히 빌헬름 1세도 그의 할아버지인 대 선제후 프리드리히 빌헬름 1세의 이름을 물려받았다. 다만 이 경우엔 국체가 브란덴부르크-프로이센 동군연합에서 프로이센 왕국으로 바뀌었기 때문에 프리드리히 빌헬름 2세가 아닌 프로이센 왕국의 프리드리히 빌헬름 1세가 된다. 이런 식으로 호엔촐레른 왕가는 이후에도 '프리드리히'와 '빌헬름'을 섞어 후손들의 이름을 지었다.

에는 프리드리히 대왕이 있다는 평판을 들을 정도의 명군明君이었던 그
는 과연 어떤 사람이었을까? 프리드리히 2세는 할아버지인 프리드리히
1세의 '예술적인 감성'과 아버지인 프리드리히 빌헬름 1세의 '철저한 군
인정신'을 모두 물려받은 매우 복합적인 인물이었다. 여기서 반복적으
로 나오는 '프리드리히Friedrich'란 이름에 혼란스러울 독자들을 위해 프
리드리히 2세를 중심으로 그의 가계도를 정리하면 위와 같다

　1618년 프로이센 공국을 획득한 이래로 호엔촐레른가家의 숙원은
두 가지였다. 첫째는 프로이센 공국의 주권 확보였고, 둘째는 서西프로
이센 지역에 의해 분리된 브란덴부르크 백국과 프로이센 공국의 통합
이었다. 1701년, 이러한 숙원 중 첫 번째를 풀 수 있는 절호의 기회가
왔다. 그해에 폴란드가 대홍수로 혼란에 빠지자, 브란덴부르크-프로이
센 동군연합은 폴란드에 선전포고하여 프로이센 공국의 주권을 찾아
왔다. 이를 계기로 브란덴부르크-프로이센 동군연합은 프리드리히 대
왕의 할아버지인 프리드리히 1세 때에 프로이센 왕국으로 국체를 바
꾸었다. 또한 스페인 왕위계승전쟁 당시 신성로마 제국 편에 서서 프랑
스에 대항한 공을 인정받아 프로이센 국왕이란 칭호도 얻을 수 있었
다. 이때 프리드리히 1세가 사용한 칭호는 프로이센 왕국의 미묘한 위
상을 말해준다. 1701년, 쾨니히스베르크에서 즉위할 때 그는 '프로이
센 왕'이 아닌 '프로이센인의 왕'이란 애매한 칭호를 사용했다. 이는 신
성로마 제국과 폴란드 왕국을 동시에 의식한 절묘한 수였다. 즉, 아무
리 허울뿐인 신성로마 제국이라지만 브란덴부르크 백국은 엄연히 제
국 내 영방이었기에 '브란덴부르크 왕'이란 호칭은 쓸 수 없었다. 그렇
다고 '프로이센 왕'이라 한다면 공연히 서西프로이센을 영유하고 있는

폴란드의 심기를 건드릴 터였다. 그래서 프리드리히 1세는 '프로이센인의 왕'이란 조심스러운 칭호를 썼다. 하지만 후일 그의 후계자들은 더이상 주저하지 않고 '프로이센 왕'으로 칭했다. 이는 합스부르크가家가 주도하는 신성로마 제국 영역 밖에 있는 프로이센이란 명칭을 씀으로써 호엔촐레른가家의 독립성을 강조하려는 뜻이었다. 이제 프로이센은 대 선제후 프리드리히부터 시작해서 프리드리히 대왕까지 4대代째, 150년이란 짧은 기간 만에 보잘것없는 변방의 제후국에서 오스트리아와 자웅을 겨룰만한 강국으로 탈바꿈하였다.

5.

샤를마뉴, 나폴레옹과 함께 유럽의 위대한 지도자로 꼽히는 프리드리히 2세만큼 필자를 당혹게 하는 인물도 드물다. 그는 도저히 동일인이라고 볼 수 없을 정도로 복합적인 성격을 가진 사람이었다. 왕위에 오르기 전까지의 그를 보면 이 사람이 과연 앞으로 제대로 왕 노릇을할 수 있을까 의구심이 들 정도다. 섬세하고 심약한 성격을 가진 젊은 왕자는 프랑스 문화와 플루트 연주에 심취했다. 그뿐만 아니라 라틴어와 시, 철학 등 하필이면 부왕父王이 질색을 하는 분야만 골라가며 좋아했다. 사정이 이러니 어린 시절에 아버지와 아들은 그야말로 상극相 헨이었다. 프리드리히 2세의 아버지는 다름 아닌 '군인왕Soldatenkonig'이란 별칭으로 유명한 프리드리히 빌헬름 1세였다. '군인왕' 프리드리히의 유일한 낙樂은 병사들의 제식훈련을 지켜보는 것이라고 할 만큼 '열병 마니아'였다. 이를 위하여 그는 왕궁의 정원을 연병장으로 바꾸었을 정도였다. 아버지 '군인왕'이야말로 군국주의 프로이센의 선구자였다. '군인왕'은 아들이 연약한 모습을 보일 때마다 화를 내며 아랫사람들이 보건말건 아들을 개 패듯이 두들겨 팼다 한다.

이러한 부왕의 학대에 견디다 못한 왕자는 프랑스로 도망가려 했다. 하지만 탈출은 실패했고, 왕자는 같이 도망가려 한 친구와 함께 체포되었다. 격분한 부왕은 두 사람 모두 처형하려 했지만, 주위의 만류로 왕자는 거우 처형을 면했다. 그러나 왕자는 너무나 끔찍한 광경을 지켜봐야 했다. 아마도 동성애 애인이었을 친구가 눈앞에서 참수당하는 처참한 모습을 본 것이다. 이 일을 계기로 왕자는 전혀 다른 사람이 되었다. 부왕의 무지막지한 충격요법이 통했던 것일까? 열여덟 살 나이에 차마 두 눈 뜨고는 볼 수 없는 참상을 당한 아들은 그 후 성격과 태도가 급변했다. 그는 부왕이 그토록 원했던 강한 군인으로 변모해 갔다. 왕자는 예술가들을 초빙하거나 저술활동을 하는 대신 부왕의 통치술과 군사조직에로 관심을 돌렸다. '군인왕'의 관심사는 예나 지금이나 막강한 최정예 군대를 만들어내는 일이었다. 이를 위하여 그는 프랑스풍 사치에 물든 다른 영방들과는 달리 악명 높은 긴축정책을 실시하여 나라의 곳간을 가득 채웠다. 그리고 그 돈으로 상비군을 확충하여 강도 높은 군사훈련을 실시했다. 결국 '군인왕'은 자신이 즉위했을 때에 비해 두 배 이상 증가한 8만 명의 상비군을 아들에게 물려줄 수 있었다. '군인왕' 덕분에 당시 프로이센의 상비군은 양적量的으로는 유럽에서 3위였지만, 질적質的으로는 이미 최고 수준에 달해 있었다. 이러한 군대로 프리드리히 대왕이 취한 첫 번째 행동이 바로 앞에서 말한 슐레지엔 침공이었다.

6.

1740년 말, 프리드리히 2세는 선전포고도 없이 4만 명의 군대를 이끌고 슐레지엔으로 진격했다. 그는 "전쟁에서 승리하는 비결은 공격에 있다."라는 자신의 신념에 따라 선제공격을 감행했다. 불의의 일격을 당한 오스트리아의 원로대신들은 우선 급한 불부터 끄고 보자는 심정으로 '아무것도 모르는 여자' 마리아 테레지아에게 프로이센과의 협상을 권했다. 당시 오스트리아는 그야말로 사면초가四面楚歌에 빠져있었다. 바이에른 선제후는 신성로마 제국 황제 자리를 넘봤고, 영지인 보헤미아는 바이에른에게 돌아선 터였다. 또한 여성 군주를 꺼렸던 오스트리아 내 귀족들의 반발도 만만치 않았다. 하지만 마리아 테레지아는 원로대신들의 권유를 단호히 거부했다. 비록 군주교육을 받은 적도 없고 대내외 문제를 해결해본 경험도 없었지만, 그녀는 '아무것도 모르는 여자'가 결코 아니었다. 마리아 테레지아의 핏속에는 합스부르크가家의 현란한 정치 감각이 흐르고 있었다.

1741년 초, 슐레지엔 전쟁이 한창인 와중에 첫아들 요제프를 낳은 마리아 테레지아는 갓난아이를 안고 헝가리로 달려가 도움을 호소했다. 헝가리는 합스부르크가家의 영지였고 그녀 또한 헝가리 여왕이었지만, 헝가리 의회의 동의 없이는 아무것도 할 수 없는 실정이었다. 평소 합스부르크가家에 비협조적인 헝가리 의회와 헝가리 귀족들에게 마리아 테레지아는 자신의 어려움을 진솔하게 토로했다. "모두가 등을 돌렸지만 저는 오직 헝가리의 충성을 믿고 도망쳐 왔습니다. 이 아이를 안은 저를 도울 수 있는 분은 당신들뿐입니다."라고 말이다. 이런 여왕의 솔직함에 헝가리 귀족들은 마음의 문을 열었다. 3만 명의 병력과 재정 지원을 약속한 것이다. 여기서 지금까지 물과 기름 관계였던 합스부르크가家와 헝가리 귀족들은 처음으로 일체감을 갖게 되었으니, 마리아 테레지아는 '아무것도 모르는 여자'가 아니라 실은 '타고난 정치가'였다.

그러나 젊은 여왕의 분투에도 불구하고 전쟁이 일어난 지 겨우 2년 만인 1742년, 프로이센은 오스트리아의 저항을 물리치고 슐레지엔 전지역을 점령했다. 온갖 전쟁에 끼어들어 국력을 소모하면서 국사조칙에만 매달린 오스트리아는 당장은 4대에 걸쳐 착실하게 군사력을 다져온 프로이센을 대적할 수 없었다. 혼자 힘으로 프리드리히 2세를 상대할 수 없었던 마리아 테레지아는 네덜란드·영국·작센·사르데냐 등과 동맹을 체결하여 프로이센에 대항했다. 하지만 프로이센은 이를 비웃기라도 하듯이 1744년 다시 한번 오스트리아를 격파했다. 이제 마리아 테레지아는 프리드리히 2세에게 협상을 요청할 수밖에 없었다. 1745년 말 체결된 드레스덴 조약으로 프리드리히 2세는 슐레지엔을 얻는 대신 마리아 테레지아의 오스트리아 계승권을 인정했다. 프리드리히 대왕, 즉 프리드리히 2세는 이 승리로 '대왕'이라는 칭호를 얻었지만, 동시에 마리아 테레지아라는 평생의 적도 함께 얻었다.

7.

프리드리히 대왕이 천부적인 군사 재능을 타고났다면, 마리아 테레지아는 탁월한 외교 감각을 타고났다. 그녀는 결코 멀쩡한 영지를 강탈당하고 가만히 있을 합스부르크가家의 여장부가 아니었다. 슐레지엔을 되찾으려는 일념으로 마리아 테레지아는 200여 년 전에 프랑스 왕 프랑수아 1세가 그랬듯이 발상의 전환을 꾀했다. 수백 년에 걸친 숙적 프랑스와의 동맹을 추진한 것이다. 프로이센에게 슐레지엔을 빼앗긴 지 10년이 지난 1755년, 오스트리아는 프로이센의 굴기堀起에 위협을 느낀 프랑스, 러시아, 스웨덴, 작센을 끌어모아 프로이센에 대한 포위망을 구축했다. 하지만 이런 움직임에 대한 프로이센의 대응은 간단명료했다. 1756년, 언제나 그랬던 것처럼 프리드리히 대왕은 작센에 대해 선제공격을 감행함으로써 7년 전쟁(1756~1763년)의 막을 올렸다. 프로이센의 공격을 받은 작센이 얼마 버티지 못하고 항복하자 프리드리히 대왕의 신화는 계속될듯했다. 하지만 이번에 대적할 오스트리아는 15년 전에 아무런 준비 없이 일방적으로 당했던 그 오스트리아가 아니었다.

7년 전쟁은 프로이센이 일으킨 슐레지엔 전쟁(1740~1745년)에 대한 오스트리아의 보복 전쟁이었다. 슐레지엔 전쟁이 프로이센의 독무대였다면, 7년 전쟁은 오스트리아가 거의 이길 수 있었던 전쟁이었다. 7년 전쟁에서 프로이센이 주도권을 잡은 시기는 개전 초뿐이었다. 이후로는 동맹국들과 합세한 오스트리아가 프로이센을 압도했다. 특히

1757년, 프라하에서 동쪽으로 55㎞ 정도 떨어진 콜린Kolín에서 벌어진 전투는 프리드리히의 신화를 깨어버렸다. 오스트리아군은 이 전투에서 그동안 무적을 자랑하던 프로이센군을 격파했다. 콜린의 패전 이후 프로이센은 오스트리아, 러시아, 프랑스와 작센을 비롯한 독일 내 영방들의 협공으로 고립되었다. 전쟁의 주도권을 잃은 프로이센은 1759년 쿠너스도르프Kunersdorf 전투에서 오스트리아-러시아 연합군에게 대패했다. 이 전쟁에서 프리드리히 대왕은 적탄을 맞아 입고 있던 군복의 윗도리가 뚫리고, 타고 있던 말이 고꾸라졌다. 패주한 프리드리히 대왕은 어떻게든 전황을 역전시키려 애썼지만, 1760년에는 오스트리아군이 베를린을 포위하기에 이르렀다.

독일 남부 바이에른Bayern주州에 노이슈반슈타인성Schloss Neuschwan-
stein이 있다면, 이웃한 바덴뷔르템베르크Baden-Württemberg주州에는 그
와 쌍벽을 이루는 호엔촐레른성Burg Hohenzollern이 있다. 비슷한 시기
인 19세기 중엽에 지은 두 성城이지만, 그 건축목적은 서로 다르다. 노
이슈반슈타인성은 프로이센에게 패배한 후 실권 없는 왕으로 전락한
바이에른 국왕이 현실도피적인 목적으로 지은 중세풍 성이다. 반면에
호엔촐레른성은 전성기를 구가하던 프로이센의 후손이 자신의 조상을
기리기 위해 본래 가문의 성이 있던 옛 자리에 다시 지은 가족 기념비
적인 성이다.

호엔촐레른성은 바덴뷔르템베르크주의 주도州都인 슈투트가르트

헤칭겐의 호엔촐레른성城

Stuttgart에서 남쪽으로 70km 정도 떨어진 헤칭겐Hechingen 근교에 있다. 해발 855m의 호엔촐레른 산 정상에 우뚝 솟은 호엔촐레른성은 멀리서 보면 돌올한 산봉우리에 왕관을 씌운 형상이다. '요새 형 산성Burg' 답게 성안으로 들어가는 통로는 적의 침입에 대비하여 '갈지之자'로 빙글빙글 돌려놓았다. 성 위에 오르면 발아래로 슈바벤 지방의 전경이 시원하게 펼쳐진다. 건물 벽을 돌아가며 대 선제후를 위시한 프로이센 군주들의 동상이 차례로 서 있는 모습은 이 성이 '호엔촐레른가家의 기념비memorial'임을 말해준다. 성 내부는 가이드 투어로만 관람할 수 있다. 필자가 갔을 때는 가이드가 칠십이 넘은 노인네였는데 나이가 무색하게 무척이나 활기가 넘쳤다. 가이드 노인네의 설명을 들으면서 이 성의 실질적인 주인공은 역시나 프리드리히 대왕이라는 느낌이 들었다. 설명의 상당 시간을 프리드리히 대왕의 일화로 할애하는 노인네는

프로이센 군주들의 동상

프리드리히 대왕을 지칭할 때마다 'Simple Man'이란 호칭을 썼다. 평생을 오직 국사에만 매달린 프리드리히 대왕을 일컫는 별명이었지만, 노인네의 어조에는 빈정거림이나 조롱이 아닌 안쓰러움과 깊은 애정이 담겨있었다. 내부 촬영을 금하고 있기에 포기했지만, 전시물 중에 사진 한 장 꼭 찍고 싶은 게 있었다. 프리드리히 대왕이 입었던 군복으로 1759년 쿠너스도르프 전투에서 적탄에 맞아 구멍이 뚫린 바로 그 군복이었다. 눈앞에 있는 옷이 160년 전의 바로 그 군복이라는 사실에 감개무량해 하는 중에 가이드 노인네의 설명이 더욱이나 크게 들려왔다. "기워놓은 구멍 좀 보세요. 엉성한 품이 전문가 솜씨는 아니잖아요? 그 단순한 양반, 아마도 시종에게 기우라고 했을 거예요."

어느 미술평론가의 말처럼 여행은 아는 만큼 보이나 보다. 헤칭겐 Hechingen으로 가는 길이 그랬다. 처음 독일여행을 하던 5년 전에는 몰랐기에 슈투트가르트에서 며칠을 보내면서도 헤칭겐에 갈 생각을 못했다. 돌아와서 프로이센의 역사를 추적하면서 비로소 슈투트가르트에서 꼭 들려야 할 곳은 빼고 대신 엉뚱한 곳에서 헤맸다는 걸 알았다. 그래서 다시 시작한 여행길이었지만, 호엔촐레른성으로 가는 여정은 실로 험난했다. 인프라가 잘 갖춰진 독일이기에 교통편이 문제 될 건 없었다. 슈투트가르트에서 기차로 한 시간 거리인 헤칭겐까지는 잘 갔고, 기차역에서 내려 호엔촐레른성까지 가는 버스도 별문제 없이 잘 탔다. 버스 차창 밖 저 멀리 산 위에 호엔촐레른성이 보이기에 사진 한 장 찍으려 핸드폰을 꺼내려는 시점부터 지옥이었다. 아무리 찾아도 핸드폰이 없는 것이다. 여행길은 막바지로 치달을 때였고, 한 달 넘게 찍은 사진기록이 몽땅 날아갈 판이었다. 핸드폰을 포기하고 일정을 따를 것인지, 일정을 포기하고 핸드폰을 찾아 나설 것인지 빨리 판단해야 했다. 잃어버릴 곳은 기차 안밖에 없지만, 시쳇말로 기차가 떠난 지 벌써 한 시간이 지났으니 찾을 확신이 없다. '소반과 광주리를 한꺼번에 다 잃느니' 차라리 핸드폰을 포기하고 호엔촐레른성이라도 건질까? 그 와중에 한 가지 스치는 생각이 있다. '다른 나라라면 몰라도 여긴 독일인데'라는 막연한 신뢰감을 믿고 다시 기차역으로 돌아갔다. 한가한 시골 역무실에는 마침 말이 통하는 여자 역무원이 있었다. 사십 대 중반은 되어 보이는 그녀에게 통사정을 했더니 몇 번째 칸을 탔으며, 핸드폰 제품명과 카버 색깔은 어떠냐고 묻는다. 경황에 확신할 순 없지만 앞에서 두세 번째 칸이었다니까, 그 기차가 어느 역까지 가서는 두 노선으로 분리되어 운행된단다. 내 대답을 들은 그녀는 이 역 저 역으로 전화를 걸어 분실신고를 하는 품이 마치 자기 일처럼 바쁘다. 그러고 나서 5분쯤 지났을까? 전화벨 소리가 울린다. 어쩌면 나보다 더 긴장한 그녀가 전화를 받더니 잠시 후 '휴' 하는 안도의 한숨과 함께 가슴을 쓸어내린다. 독일어는 한마디도 알아들을 수 없었지만 대번에 핸드폰을 찾았음을 알 수 있었다. 급한 불을 끄고 나니 호엔촐레른성이 다시 생각났다. 믿음직한 해결사인 그녀는 이번에는 콜택시까지 불러준다. 핸드폰은 돌아오는 길에 찾기로 하고, 서둘러 호엔촐레른성으로 향하는 길에 그동안의 맘고생을 홀홀 떨쳐버렸다. 평소엔 꽉 막혀 답답해 보이는 독일인이지만, 이런 비상사태에서 가장 믿을만한 사람 또한 독일인이었다.

이런 절망적인 상황에서 프리드리히 대왕은 자살까지도 생각했다. 당시 그가 쓴 편지는 자신이 얼마나 절망에 빠졌는지 말해준다. "이 글을 쓰고 있는 이 순간에도 아군은 계속해서 패주하고 있다. 나는 더 이상 프로이센군의 지휘자가 아니다. 모든 게 다 사라졌다. 조국의 몰락을 보느니 차라리 죽어버리겠다. 그럼 안녕히." 하지만 그 이후부터 도저히 설명할 수 없는 일들이 일어났다. 베를린을 포위한 오스트리아군이 결정적인 순간에 우물쭈물하다가 철수하자, 러시아 군도 따라서 철수해버린 것이다. '베를린의 기적'으로 불리는 이 일로 인해 프로이센은 발등의 불을 끌 수 있었다. 프리드리히 대왕에게 찾아온 두 번째 행운은 더 극적이었다. 1762년 초, 프리드리히 대왕을 증오했던 러시아의 엘리자베타Yelizaveta 여제女帝(재위: 1741~1762년)가 급사하고, 그녀의 조카인 표트르 3세Pyotr Ⅲ(재위: 1762. 1.~1762. 7.)가 새 황제로 즉위한 것이다.

표트르 3세의 즉위를 보면 우연적인 요소가 역사에 얼마나 큰 영향을 미치는지 알 수 있다. 겨우 반년 남짓 제위에 있다가 쫓겨난 표트르는 오직 프리드리히 대왕을 위하여 잠시 러시아의 황제 역할을 하다가 사라진 단역배우처럼 보인다. 엘리자베타 여제와는 정반대로 표트르 3세는 프리드리히의 열렬한 숭배자였다. 그는 제위에 오르자마자 프로이센에 대한 적대행위를 멈췄을 뿐만 아니라, 오히려 병력까지 지원해주었다. 이렇게 되자 스웨덴도 평화 선언을 하고는 뒤로 물러나 버렸다. 배후의 적들이 사라지자 프로이센에게 남은 적敵은 오랜 전쟁으로 허덕이는 오스트리아와 프랑스뿐이었다. 물론 프로이센 또한 전력이 바닥난 상태였지만, 그래도 비슷한 조건이라면 프리드리히의 용병술이 빛을 발하게 된다. 마침내 프로이센은 프랑스를 라인강 밖으로 쫓아냈고, 혼자 남은 오스트리아를 공략하여 승리를 거두었다. 슐레지엔을 둘러싼 전쟁이 벌어진 지 23년째가 되던 해인 1763년, 두 나라는 평화조약을 체결하여 프로이센의 슐레지엔 영유권을 확정 지었다.

8.

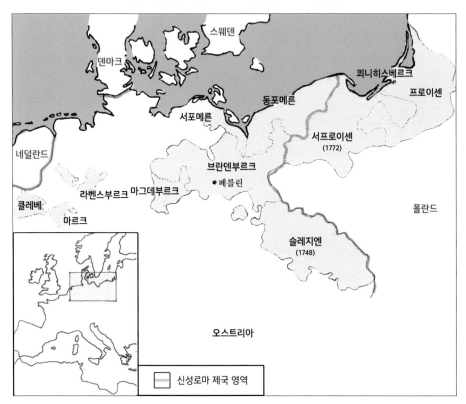

7년 전쟁이 끝난 후 프리드리히 대왕은 "앞으로는 단 한 마리의 고양이라도 공격하지 않을 것"이라며, 방어적인 성격을 제외한 일체의 전쟁을 중단하겠다고 선언했다. 실제로 그는 이후 더 이상 큰 전쟁을 일으키지 않았다. 사람들은 군사적으로 큰 성취를 거둔 그를 대왕이라 부르지만, 사실 7년 전쟁은 프리드리히가 거의 질 뻔했던 전쟁이었다.

프리드리히 대왕은 7년 전쟁에서 군사적, 외교적 측면 모두에서 결정적인 실수를 범했다. 평소에 지나치게 위험성이 높은 전략을 선호한 프리드리히는 수적으로 우세한 적에게 무모한 정공법을 택하다가 콜린Kolín의 참패를 불러왔다. 외교적 실수는 군사적 실수보다 더 심했다. 여성 혐오자인 그는 아무 이유 없이 엘리자베타 여제를 '육욕적인 여편네'라고 조롱하여 러시아를 적으로 돌렸다. 이는 프랑스 루이 15세의 애첩인 퐁파두르Pompadour 부인에 대해서도 마찬가지였다. 자신이 기르는 사냥개 이름을 '퐁파두르'라 짓는가 하면, "형편없는 계집이 왕의 침실에 출입한다."라며 모욕함으로써 프랑스마저 적으로 돌렸다. 반면 마리아 테레지아는 이를 기회로 프랑스, 러시아와 동맹을 체결하여 '외교혁명'을 이루어냈다. 세 나라의 동맹이 7년 전쟁 내내 프로이센을 얼마나 괴롭혔는지는 누구보다도 프리드리히가 더 잘 알고 있었다. 이에 대해 그는 "세 명의 앞치마 공모에 둘러싸여 있다."라고 불만을 토로했지만, 사실은 그 모든 게 스스로 불러들인 화근禍根이었다. 7년 전쟁에서 외교적 고립에 빠져 혼이 났던 탓이었을까, 7년 전쟁 이후 프리드리히는 프랑스와 러시아와의 관계 개선에 노력하여 두 번 다시 똑같은 실수를 하지 않으려 했다. 이는 1772년 제1차 폴란드 분할 과정에서도 나타났다. 예전 같으면 단독으로 폴란드를 선제공격했을 프리드리히였지만, 이번에는 오스트리아와 러시아를 끌어들임으로써 열강의 반발을 피해갔다. 그 결과 지금까지 브란덴부르크와 동東프로이센 지역을 갈라놓았던 폴란드령 서西프로이센을 차지하여 프로이센의 마지막 남은 숙원을 성취했다.

프리드리히 대왕은 대표적인 계몽군주답게 검소한 생활로 국민들에게 모범을 보였고, 자비로운 군주가 되려고 애썼다. 오늘날 독일인들은 그를 '감자 대왕'이라는 애칭으로 부른다. 일찍부터 구황작물로서의 감자의 효능에 주목했던 프리드리히는 굶주림에 허덕이던 국민들에게 감자를 심을 것을 명령했다. 독일인들에게 감자가 주식이 된 것은 바로 프리드리히의 공功이었기에 지금도 그의 묘지에는 꽃보다 감자를 두고 간다고 한다. 하지만 이렇게 국민을 사랑한 프리드리히가 일으킨 수많은 전쟁 때문에 무수한 병사들이 죽어간 사실은 어떻게 설명할 것인지? 특히 그가 키운 공격적인 프로이센 군대는 '독일 병정'의 전형으로 훗날 독일 군국주의의 토대가 된다. 일각에서는 독일인들이 무모하게 두 차례의 세계대전을 일으킨 것도 프리드리히의 전설에 도취되었기 때문이라고 주장한다.

평생 음악을 좋아했던 프리드리히가 병사들에게는 엄격하고 혹독하기로 악명 높은 훈련을 시킨 군주였다는 사실은 도통 어울리지 않는다. 그의 음악 실력은 베를린을 방문한 바흐Bach에게 즉흥적 푸가 주제를 제시할 정도로 수준급이었다 한다. 그뿐만 아니라 프리드리히 자신도 사람들 앞에서 플루트 연주하기를 좋아했다던데, 그런 섬세한 성격을 가진 사람이 전쟁을 일으킬 때에는 언제나 선제공격을 선호하며 저돌적으로 변한다는 사실도 참 이율배반적이다. 프리드리히를 보면 훗날 눈 한 번 깜빡하지 않고 수백만의 유대인을 학살하면서도 한편으로는 바그너Wagner의 음악에 심취했던 나치가 연상되기도 한다. 평생을 검소하게 산 프리드리히가 죽을 때 남긴 옷가지라고는 군복 몇 벌에 불과했다는 사실도 우리를 당혹스럽게 한다. 물론 다른 군주들과는 비교할 수 없을 만큼 검소한 그였지만, 총탄에 맞아 구멍이 뚫린 군복 윗도리를 기워 입은 건 너무 심하지 않았을까? 뚫린 군복조차 허

술히 하지 않았던 그의 검소함을 높이 사야 할지, 아니면 나이가 들수록 새로운 제복을 싫어했다는 그의 별스러움으로 받아들여야 할지 혼란스럽다. 프리드리히 대왕의 복합적인 성격은 이후 독일에 빛과 그림자를 같이 물려주었다. 강건한 '독일 정신'과 함께 위험한 '군국주의'가 그것이었다.

✦ 포츠담Potsdam의 상수시 궁전Schloss Sanssouci에서

포츠담 회담으로 우리에게도 잘 알려진 포츠담Potsdam은 베를린 남서쪽 근교에 있다. 포츠담에는 호엔촐레른 왕가의 여름별궁인 상수시 궁전Schloss Sanssouci이 있는데, 프리드리히 대왕의 명으로 지은 이 왕궁만큼 주인의 취향을 잘 반영한 건물도 흔치 않다. 평생 격무에 시달렸던 프리드리히는 이곳에서만이라도 편히 쉴 수 있는 조용한 은신처를 원했기에, 궁전의 이름도 '근심 없는 궁전'이라는 뜻의 '상수시Sans-souci 궁전'을 지었다. 상수시 궁전의 본궁本宮은 나지막한 남향 언덕 위에 왕궁으론 보기 드물게 단층으로 지었다. 밝은 아이보리ivory색의 벽면이 따뜻한 느낌을 주는 본궁은 단아하고 소박한 외관을 자랑한다. 그런데 본궁에서 정원으로 내려가는 계단길이 매우 특이하다. 계단 양편으로 여섯 단의 테라스가 층층이 조성되어있고, 각 테라스마다 포도나무를 심어놓은 것이다. 본래 포도밭이었던 터에 왕궁을 지으면서 그 일부를 살려놓은 모양인데, 유럽의 어느 왕궁에서도 포도나무로 테라스를 장식한 곳은 본 적이 없다. 여기까지의 상수시 궁전 외부 모습은 프리드리히 대왕의 전매특허인 강건함과 검박함을 담고 있다. 그러나 왕궁 내부로 들어서면 이번에는 그 호사스러움에 다시 한번 놀라게 된다. 검박한 외관과는 달리 왕궁 내부는 베르사유 궁전을 모방해서 지은 궁전답게 화려한 색채와 섬세한 장식을 자랑하는 로코코Rococo 양식으로 치장했다. 후대의 왕들이 많은 부분 증축한 사실을 감안하더라도, 상수시 궁전은 극단적인 소박함과 함께 극단적인 화려함이 존재하는 기묘한 곳임에 틀림없었다. 흡사 프리드리히 대왕의 양면적인 성격처럼 말이다.

2013년 봄, 상수시 궁전 정원에서 겪은 일이다. 상수시 궁전은 지금도 궁전 곳곳에서 프로이센의 상무정신이 읽힌다. 그중에서도 특히 궁전 정원이 그렇다. 온갖 화초와 기하학적으로 깎아놓은 잔디 정원이 유럽 왕궁정원의 특징이라지만, 상수시 궁전정원은 그와는 거리가 멀다. 특히 거리만 해도 2.5㎞나 되는 본궁本宮과 신궁新宮 사이에 펼쳐져 있는 광대한 정원들은 정원이라기보다는 초원에 가까울 정도로 야생미가 넘친다. 본궁에서 신궁까지 가는 길에는 띄엄띄엄 별궁이나 정자, 조각들이 들어서 있는데, 가던 중에 한 정원 안에 서있는 큐피드 청동상이 눈에 띄었다. 가까이에서 사진 한 장 찍으려고 무심결에 정원에 들어갔더니 지나가던 독일 여인이 칼같이 지적한다. "거기 들어가면 안 된다.You must not enter the lawn."라고 말이다. 그것참! 맞는 말

상수시 궁전과 포도밭이 있는 테라스

큐피드 청동상이 서있는 상수시 궁전 정원

인데 기분은 안 좋다. 교사에게 지적받는 학생도 아니고, 그런 때가
지나도 한참 지난 나이에 'must not'이란 심한 말을 듣다니 말이다. 웃자
란 잔디에 듬성듬성 잡초도 섞여 있는 풀밭에 잠깐 들어간 대가치고
는 너무하다는 생각이 들었지만 그곳의 원칙은 무조건 지켜야 되는 원
칙이었다.

9.

프리드리히 대왕이 평범함과는 거리가 먼 천재天才였다면, 그와 동시대를 살아간 마리아 테레지아는 지극히 평범해 보였던 또 다른 천재였다. 정략결혼으로 유명한 합스부르크가家 사람이었지만, 마리아 테레지아는 그 당시 왕실 인물로는 드물게 연애결혼을 했다. 그녀의 연인은 빈으로 유학 온 로렌Lorraine 공작이었다. 이들의 교제는 처음엔 아무런 정치적 목적 없이 순수한 사랑에서 출발했다. 이들은 당대 최고의 미녀 공녀와 미남 공작이었기에 자연스레 장안의 화제가 되었다고 한다. 하지만 혼담이 진행될수록 이들의 관계는 정치적인 문제로 바뀌었다. 문제는 프랑수아가 하필이면 사연 많고 말썽 많은 로렌 공작이었다는 데에 있었다. 프랑스는 로렌Lorraine으로, 독일은 로트링겐Lothringen으로 부르는 이 지역이 어떠한 곳이었던가? 천 년 동안 프랑스와 독일 사이에 쟁탈의 대상이 되어 왔던 곳이 바로 이곳이었다. 당시 로렌 공국은 형식상으론 신성로마 제국의 영방이었지만, 실상은 프랑스 왕국과 더 밀접한 관계에 있었다. 프랑스어를 쓰는 젊은 로렌 공작은 독일어는 한마디도 몰랐다. 결혼하기 전 그의 이름은 프란츠 슈테판 폰 로트링겐Franz Stephan von Lothringen이란 독일식 이름이 아닌 프랑수아 스테판 드 로렌François Stefan de Lorraine이란 프랑스식 이름이었다.

자신의 코앞에 있는 로렌 공국의 영주가 오스트리아 공녀와 결혼한다는 데 수수방관하고 있을 프랑스가 아니었다. 프랑스는 프랑수아가 마리아 테레지아와 결혼한다면 로렌 공작은 자국에 호의적인 인물로 바꾸어야 한다고 강압했다. 이와 같은 프랑스의 거센 항의에 마리아 테레지아의 아버지 카를 6세는 고육지책苦肉之策을 마련했다. 장차 사위가 될 프랑수아에게 로렌 공작을 포기시키는 대신에 마침 메디치가家의 혈통이 단절된 토스카나 대공 직위를 제안한 것이다. 젊은 로렌 공작은 사랑하는 연인을 버릴 것인지, 아니면 조상 대대로 물려받은 영지이자 자신이 태어난 로렌을 포기해야 할 것인지의 양자택일兩者擇一의 기로에 섰다. 고민에 고민을 거듭하던 프랑수아는 결국 로렌 공국을 포기하고 토스카나 대공국을 받기로 결심했다. 그러나 막상 영지 교환서류를 본 프랑수아는 죄책감 때문에 차마 서명을 못 하고 몇 번을 거듭하여 펜대를 내던졌지만, 그때마다 마리아 테레지아가 아무 말 없이 바닥에 떨어진 펜대를 주워 공손히 바쳤다 한다.

이와 같은 우여곡절 끝에 결혼에 성공한 이들은 사적私的인 자리에서는 여느 평범한 부부와 다름없이 소박하고 화목하게 지냈다. 이제는 독일식 이름으로 프란츠가 된 남편은 자존심 강한 아내의 비위를 잘 맞추었고, 마리아 테레지아도 집에 들어가면 스스로 순종적인 아내임을 자처했다. 결혼생활 30년 동안 슬하에 열여섯 명이나 되는 자녀를 둔 것만 봐도 이들의 금슬이 얼마나 좋았는지 짐작할 수 있다. 하지만 이는 어디까지나 사적私的인 관계였고, 공적公的인 자리에서 이들의 관계는 전혀 달랐다. 합스부르크 가문으로부터 황제 위를 빼앗아 갔던 바이에른의 카를 7세가 재위 3년 만인 1745년에 죽자, 마리아 테레지아는 재빨리 남편 프란츠를 그 후임으로 밀었다. 살리카 법 때문에 자신은 황제가 될 수 없었기에 남편을 대타로 내세운 것이다. 비록 이름만 남은 황제 위였지만, 그녀는 기어이 남편을 신성로마 제국 황제 프란츠 1세Franz I(재위: 1745~1765년)로 만들었고 자신은 황후가 되었다. 아내 덕에 황제가 된 프란츠 1세는 처음엔 나름 국사에 관여해보려 했다. 하지만 모든 실권을 틀어쥔 마리아 테레지아는 공사公私를 철저히 분별하는 여걸이었다. 명색이 황제인 남편 프란츠 1세의 국사관여를 철저히 배제한 그녀는 신성로마 제국의 실질적인 황제였다. 겉으로 보기엔 남편에 순종하는 아내였지만, 이는 국사에서 배제된 남편의 불만을 다독이는 또 다른 외교술에 다름 아니었다.

10.

스물세 살 처녀의 몸으로 즉위했을 때에는 세상 사람들 눈에 '여자 따위'로밖에 보이지 않았지만, 마리아 테레지아는 슐레지엔을 제외한 모든 것을 지켜내었다. 아니, 슐레지엔도 사실은 불운만 따르지 않았다면 충분히 되찾았을 터였다. 7년 전쟁이 끝난 후 마리아 테레지아는 계몽군주답게 내정개혁을 실시하여 국력회복에 총력을 기울였다. 전국에 초등학교를 설치해 의무교육을 실시하였으며, 일반 징병제를 도입해서 전 국민의 병역을 의무화하고 병사들의 안정된 생활을 보장했다. 그녀의 치세기간 동안 오스트리아는 안정기에 들어섰으며, 당대인들은 그녀를 18세기 유럽에서 가장 위대한 '여제女帝'로 칭송했다. 사실 마리아 테레지아는 합스부르크 가문이 배출한 군주들 가운데 카를 5세 다음으로 가장 강력한 통치력과 카리스마를 발휘한 여장부였다.

다만 카를 5세의 경우엔 프랑수아 1세라는 비교적 손쉬운 상대가 있었지만, 마리아 테레지아에게는 프리드리히 대왕이라는 최강의 적수가 있었다는 점에서 지독히도 운이 없는 군주였다. 그녀로서는 "왜 저를 낳고 또다시 프리드리히를 낳으셨나요?"라며 하늘을 원망할 만도 했다. 그러나 당대當代만 놓고 본다면 마리아 테레지아가 프리드리히에 비해 못할 것도 없었다. 프리드리히가 '전략戰略의 귀재'였다면 마리아 테레지아는 '외교外交의 달인'이었다. 무모하리만큼 공격적인 전술을 즐겼던 프리드리히가 종종 위험에 빠졌던 데 비하여 마리아 테레지아는 정확한 현실 인식을 바탕으로 안정적으로 국정을 운영했다. 두 군주 간의 승부는 개인 차원이 아닌 오스트리아와 프로이센이라는 국가 차원에서 결판이 났다. 신성로마 제국의 맹주로서 오스트리아가 온갖 전쟁에 끼어들며 수성守成에 바빴을 때, 프로이센은 프리드리히의 4대 위인 대 선제후 때부터 오직 군비 강화에 매진하고 있었다. 다시 말해 마리아 테레지아 대代에서 정신 차린 오스트리아가 4대代에 걸쳐 백여 년 동안 군비를 축적해온 프로이센을 어찌 당할 수 있겠는가? 이는 마리아 테레지아가 실시한 내정개혁 내용도 프로이센에서는 이미 백여 년 전인 대 선제후 시절에 실시되었다는 사실에서도 알 수 있다.

마리아 테레지아는 프리드리히를 '괴물', '신앙심도, 정의감도 없는 적', '못된 짐승' 등으로 욕하면서 평생 증오했다. 하지만 어쩌랴! 당대의 젊은이들은 프리드리히의 강력한 카리스마를 흠숭하며 따랐으니 말이다. 다 이긴 7년 전쟁을 망쳐놓은 러시아 황제 표트르 3세가 그랬고, 심지어는 아들인 요제프 2세Joseph Ⅱ(재위: 1765~1790년) 또한 프리드리히의 숭배자였다. 이 때문에 남편 프란츠 1세가 서거한 후 공동 통치자로 임명한 아들 요제프와 어머니 마리아 테레지아 사이에는 종종 의견 대립이 일어나곤 했다. 마리아 테레지아를 평범한 천재라고 부르는 데에는 개인적인 감정에 휘둘리지 않고, 현실을 정확하게 인식한 후 그에 대처하는 능력이 뛰어났기 때문이었다. 그녀의 비범함은 바이에른 왕위 계승문제를 둘러싼 대처 방식에서도 뚜렷이 드러난다.

1777년 말, 바이에른 선제후가 후계자 없이 사망하자 요제프 2세는 이 기회에 바이에른을 병합하려 했다. 프리드리히 대왕을 닮고 싶었던 요제프는 바이에른을 병합하여 모후에게 자신의 실력을 보여주려 했다. 하지만 마리아 테레지아는 아들의 행동이 얼마나 위험한지 직감적으로 알아챘다. 요제프의 욕심은 유럽의 세력균형을 해칠 것이고, 이는 필연적으로 프로이센의 간섭을 불러올 터였다. 오스트리아가 바이에른으로 진군하자 아니나 다를까, 프로이센이 움직이기 시작했다. 이런 프로이센의 위협에 대해 요제프는 강경하게 일전불사一戰不辭를 외쳤다. 지난 20여 년 동안 모후를 괴롭혀 온 강적을 자신이 꺾어보겠다는 공명심이 그의 눈을 멀게 한 것이다. 이듬해인 1778년, 마리아 테레지아의 예상대로 프로이센은 보헤미아 국경을 습격해왔다. 장차 오스트리아와 프로이센 간에 또 한 번의 큰 전쟁이 발발할 즈음에, 마리아 테레지아는 평소에 '괴물'이라며 그렇게나 증오했던 프리드리히에게 특사를 보냈다. 자신의 자존심을 죽이고 아들에게는 비밀에 부치면서까지 프로이센과의 정면충돌을 피하려 했던 그녀야말로 진정 현실을 인식한 냉철한 군주였다. 나중에 이를 안 요제프 2세는 펄펄 뛰었지만, 덕분에 양국은 전면전을 피한 채 평화 협상을 벌일 수 있었다. 그러나 이번에도 승리는 프로이센에게로 돌아갔다. 오스트리아는 바이에른에 대한 야망을 접어야 했고, 오스트리아의 야망을 막은 프로이센은 신성로마 제국 내에서 자신의 위상을 더욱 높일 수 있었다. 바이에른 왕위 계승문제로 촉발된 해프닝은 결국 무력이 뒷받침되지 않는 외교는 아무리 절묘하다 해도 한계가 있음을 여실히 보여주었다.

11.

1780년 11월 8일, 빈의 쉰부룬Schönbrunn 궁전 수렵장에서는 황실 가족들이 아침운동 삼아 꿩 사냥을 하고 있었다. 이제 예순세 살 할머니가 된 마리아 테레지아는 궁전 안 높은 언덕 위에 세운 글로리에테Gloriette에서 이들의 모습을 한가로이 지켜봤다. 프로이센과의 전쟁에서 모처럼 이긴 기념으로 세운 전승 개선문 글로리에테에서는 발아래로 쉰부룬 궁전이 내려다보였고, 시내 저 멀리로는 슈테판 대성당의 높은 첨탑도 보였다. 가족들과 잠시 가벼운 산책을 마친 마리아 테레지아는 궁정으로 돌아와 아침 식사를 했다. 식사를 마친 뒤에는 자신이 가장 사랑했던 넷째 딸 내외와 함께 마차를 타고 마지막 작별이라도 하듯이 궁전을 한 바퀴 돌았다. 그리고는 이내 고열로 쓰러진 그녀는 이십여 일 뒤에 아들 요제프의 팔에 안겨 숨을 거두었다. '아무것도 모르는 여자'로 즉위하여 국가와 가문을 지키기 위하여 평생 고군분투했던 그녀였지만, 마지막 가는 길은 더할 나위 없이 평화로웠다. 평소 마리아 테레지아를 '여자 따위'로 몰아붙였던 프리드리히 대왕이었지만 그녀의 죽음 앞에서 다음과 같은 추모사를 남겼다. "여왕은 왕위와 가문에 영예를 남겼다. 나는 그녀와 전쟁을 했지만 결코 그녀를 적으로 여기진 않았다." 그야말로 타고난 정치가다운 추모사였다.

그로부터 6년 후인 1786년 8월 17일, 상수시Sanssouci 궁전에서는 프리드리히 대왕이 일흔네 살의 나이로 평소에 총애하던 간호병의 팔에 안겨 숨을 거두었다. 평생을 독신처럼 지냈던 그에게는 아들이 없었기에 조카가 그의 뒤를 이었다. 생전에 프리드리히는 몇몇 친밀한 사람들과만 교류했기에 그의 인간관계는 폐쇄적이었다. 그러다 그들이 하나둘씩 죽어버리자 점차 고독에 빠지면서 사람들을 멀리하기 시작했다. 여기에 더하여 사람을 경멸하는 태도와 뿌리 깊은 인간 불신 때문에 그의 주변에는 애견 두 마리만이 있을 뿐이었다. 죽기 얼마 전에는 군대 순시 차 비를 맞으며 여섯 시간 동안이나 말 위에 앉아 있다가 심한 열병에 걸리기도 했다. 그는 자신을 왕실 묘지가 아닌 상수시 궁전에 먼저 죽은 애견들 곁에 묻어달라는 유언을 했다. 동시대를 살던 두 명의 독일 계몽군주들은 앞서거니 뒤서거니 하며 세상을 뜰 때의 모습까지도 이렇게 달랐다. 마리아 테레지아는 '밝고 따스하며 어딘가 여유 있는 독일'을 연상시킨다. 반면에 프리드리히는 '어둡고 냉정하며 한 치의 빈틈도 없는 독일'을 연상시킨다.

✦ 빈Wien의 쇤부룬 궁전Schloss Schönbrunn에서

포츠담의 상수시 궁전Schloss Sanssouci에서 프리드리히 대왕의 체취를 맡을 수 있다면, 빈의 쇤부룬 궁전Schloss Schönbrunn에서는 마리아 테레지아의 발자취를 엿볼 수 있다. '아름다운Schonenner 샘brunnen'이란 뜻의 이름을 가지고 있는 이 왕궁은 합스부르크 왕가의 여름 별궁이었다. 최초의 쇤부룬 궁전은 1619년 건축되었지만 1683년 오스만 제국의 제2차 빈 공방전 때 파괴된 후, 1743년 마리아 테레지아에 의해 현재의 모습으로 재건되었다. 단층으로 조촐한 인상을 주는 상수시 궁전과는 달리, 쇤부룬 궁전은 높은 3층 건물에 방만해도 1,441개나 된단다. 부드러운 베이지beige색의 외벽이 전체적으로 따스한 느낌을 주는 쇤부룬 궁전은 합스부르크 왕가의 영화를 말해주는 듯 호사스러운

'아름다운 샘 Schonner Brunnen'이란 뜻에서 유래한 빈의 쇤부룬 궁전

실내가 일품이다. 드넓은 정원 또한 야성미가 넘치는 상수시 궁전의 정원과는 달리 잘 가꾸어진 화단과 분수, 조각이 어우러진 프랑스풍의 아름다운 정원이다. 한마디로 상수시 궁전이 남성미를 강조한다면, 쇤부룬 궁전은 여성미를 자랑한다.

정원 끝 나지막한 언덕 위에는 높이 20m에 이르는 도리아식 기둥 11개를 일렬로 세운 그리스 신전풍의 건물이 우뚝 서있다. 프로이센과의 여러 차례 벌인 전쟁에서 모처럼 이긴 기념으로 세운 이 전승 개선문은 우람한 외관과는 어울리지 않게 '글로리에테Gloriette', 즉 '작은 정자'란 깜찍한 이름을 갖고 있다. 하긴 슈테판 대성당Stephansdom의 첨탑도 높이가 137m나 되지만 '슈테플Steffl'이란 애칭으로 부르는 걸 보면 오스트리아인들이 이들을 얼마나 사랑하는지 알 것도 같다. 230여 년 전 마리아 테레지아가 그랬듯이 나도 글로리에테에서 발아래 쇤부룬

쇤부룬 궁전의 '글로리에테'

궁전과 그 너머 멀리 솟아있는 슈테플을 바라본다. 글로리에테 한쪽 내부에 들어서 있는 카페에 앉아서는 파리의 페르 라셰즈 공동묘지 Cimetière du Père-Lachaise를 생각했다. 지금이야 아무나 자유롭게 드나들 수 있지만, 예전 이 방은 합스부르크 왕실의 만찬 장소로 귀족들에게만 허용된 금단지역이었다.

1804년 나폴레옹에 의해 파리 외곽에 조성된 페르 라셰즈 공동묘지에는 프랑스뿐만 아니라 세계적인 유명인사들이 묻혀있다. 묘지라기엔 너무 아름다운 공원에 가까운 이곳에 묻힌 인물 중에는 몰리에르 Molière, 발자크Balzac, 쇼팽Chopin, 비제Bizet 등이 있다. 또한 전후 최고의 샹송 가수와 최고의 소프라노 가수로 평가받는 두 사람의 여가수도 있다. 프랑스의 대중적 국민가수였던 에디뜨 피아프Édith Piaf와 그리스계 미국인으로 최고의 프리마돈나였던 마리아 칼라스Maria Callas가 바로 그들이다. 동시대에 태어나 생전엔 각자의 장르에서 최고봉에

페르 라셰즈 공동묘지에 있는 에디뜨 피아프의 무덤

올라 각광을 받았지만, 사후의 두 사람은 너무나 대비된다. 양지바른 가족묘지에 평범하게 안장된 에디뜨 피아프에게는 지금도 참배객이 끊이지 않는다. 하지만 어두컴컴한 지하묘실 벽에 명판만 덩그러니 남긴 마리아 칼라스를 찾는 이는 아무도 없다. 그녀의 시신은 화장한 후 납골당에 안치했지만 도난사건이 반복되자 에게해에 뿌려진 것이다. 이들을 보면 프리드리히 대왕과 마리아 테레지아가 연상된다. 한 사람은 가족의 품에 안겨 평화롭게 생을 마감했다. 하지만 또 한 사람은 홀로 외롭게 숨을 거두었다. 심지어는 시신마저 이리저리 떠돌다가 죽은 지 200여 년이 지난 1991년에야 상수시 궁전으로 돌아올 수 있었다. '개인의 행복'과 '국가의 발전'은 별개의 문제일까?

제6장

유럽이 낳은 최후의 영웅

나폴레옹 보나파르트Napoléon Bonaparte

"모든 제국帝國은 소화불량으로 죽는다."

-나폴레옹 보나파르트Napoléon Bonaparte

1.

프로이센과 오스트리아가 독일의 패권을 둘러싸고 엎치락뒤치락하고 있을 때, 프랑스의 사정은 어땠을까? 프랑스 대혁명 발발 전까지 부르봉Bourbons 왕가 군주들의 재위기간을 살펴보면 프랑스의 사정을 미루어 짐작할 수 있다.[2)]

프랑스 대혁명 전까지 부르봉Bourbons 왕조의 군주들[2)]

앙리 4세|Henri IV(재위: 1589~1610년/ 21년)
루이 13세|Louis XIII(재위: 1610~1643년/ 33년)
루이 14세|Louis XIV(재위: 1643~1715년/ 72년)*
루이 15세|Louis XV(재위: 1715~1774년/ 59년)*
루이 16세|Louis XVI(재위: 1774~1792년/ 18년)

이쯤 되면 허약하기 짝이 없었던 초기 프랑스 왕들은 꿈도 꿀 수 없을 정도로 부르봉 왕조의 왕권은 안정이 되어도 너무 안정되었다는 느낌이 든다. 그런데 아무리 현군賢君이라 해도 한 사람이 60~70년씩 연이어 장기 집권한다면 문제가 생기지 않을까? '가장 높은 곳에 오른 순간 추락은 시작되는 법'이라고, 프랑스의 위기는 프랑스가 가장 높이

---

2) * 부르봉 왕조의 시조 앙리 4세부터 프랑스 대혁명 때 처형당한 루이 16세까지 203년의 기간 동안 5명의 왕이 평균 40년씩 재위했음.
  ** 그중에서도 특히 루이 14세와 그의 증손자 루이 15세, 단 2대의 재위기간만 장장 131년 임.

섰던 루이 14세 때부터 이미 잉태되고 있었다. 겉으로는 더할 나위 없이 국위를 떨친 루이 14세였지만, 실상은 외화내빈外華內貧이었던 그의 국정운영은 후임인 증손자 루이 15세에게 심각한 재정난을 물려주었을 뿐이었다. 여기에 더하여 59년이나 재위한 루이 15세는 증조부에게 있었던 카리스마조차 없이 그저 오랫동안 자리만 지킨 범상한 군주였다. 루이 15세가 범상한 군주였음은 앞장에서 말한 그의 애첩 퐁파두르Pompadour 부인에게 국정을 휘둘린 사실만 봐도 알 수 있다. 루이 15세는 증조부가 바닥낸 국가재정을 메우기 위하여 무리한 정책들을 추진했지만 결국엔 여론만 악화시킨 채 실패하고 말았다.

1792년의 프랑스 대혁명을 유발한 앙시앵 레짐Ancien régime, 즉 구제도舊制度의 모순은 그 근원이 루이 14세까지로 거슬러 올라가지만, 여기서 그 구체적인 기술은 생략하기로 하자. 다만 프랑스 또한 앙리 4세 이후 200여 년 동안의 안정적인 절대왕정 하에서 누적되어온 사회적 모순을 수습할 '새로운 피'가 절실히 요구되고 있었다.

2.

나폴레옹의 초기 행적을 보면 우연적인 요인이 때로는 역사에 얼마나 지대한 영향을 미치는지 다시 한번 절감하게 된다. 나폴레옹은 1769년 지중해에 위치한 코르시카섬의 아작시오Ajaccio란 소도시에서 태어났다. 지금도 인구 7만여 명에 불과한 시골 구석에서 어떻게 나폴레옹 같은 영웅이 나왔는지도 불가사의不可思議지만, 더욱이나 신기한 점은 코르시카란 섬의 역사에 있다. 서西로마 제국이 멸망한 후 코르시카는 동東로마 제국과 롬바르드 왕국, 이슬람 세력 등의 지배를 거쳐 1284년 제노바 공화국의 속령이 되었다. 하지만 제노바 공화국의 코르시카 지배는 안정적이지 못했다. 제노바 공화국은 코르시카를 동화시키지 못한 채 한때 아라곤 왕국(1296~1434년)과 프랑스 왕국(1553~1559년)에게 코르시카를 빼앗기기도 했다. 18세기 들어 지속적으로 독립을 꾀하는 코르시카에 골머리를 앓던 제노바 공화국은 어차피 지키지 못할 바에는 돈이라도 챙기자는 속셈으로 1768년 코르시카를 넘보던 프랑스에 팔아넘겼다. 그해가 바로 나폴레옹이 태어나기 1년 전이었으니, 역사엔 가정이 없다지만 만약에 코르시카가 제노바 공화국의 속령으로 계속 남았다면 나폴레옹이란 인물이 존재할 수 있었을까?

두 번째 우연적인 요인 또한 참으로 묘하다. 나이 열 살 되던 해인 1779년 파리로 유학을 떠난 나폴레옹은 1784년 파리육군사관학교에 들어갔다. 평범한 성적으로 학교를 졸업한 나폴레옹은 프랑스 육군 포병 소위로 임관되었다. 1789년 프랑스 대혁명이 발발하자 나폴레옹은 고향인 코르시카로 돌아와서 젊은 혈기에 코르시카 독립운동에 뛰어들었다. 당시 코르시카는 프랑스에 귀속된 이후로도 계속해서 독립운동을 벌이고 있었다. 나폴레옹의 이탈에 프랑스 육군은 계속적인 경고와 함께 휴직을 명했지만, 나폴레옹은 아랑곳하지 않았다. 하지만 정작 문제는 나폴레옹을 받아들이지 않은 코르시카 독립진영에 있었다. 코르시카 독립운동에 참여했던 그의 부친이 친親 프랑스파로 변절한 전력을 들어 아들인 나폴레옹까지 의심한 것이다. 이에 실망한 나폴레옹은 코르시카를 떠나 파리로 돌아왔다. 나폴레옹으로선 이때가 그의 전 생애를 통해 가장 극적인 변곡점이 되었으리라. 만약에 그때 코르시카에 도량 넓은 지도자가 있어 나폴레옹을 신임했다면 유럽의 역사, 나아가 세계의 역사는 어떻게 전개되었을까?

아마도 십중팔구 나폴레옹은 프랑스의 별 볼 일 없는 반체제 인사로 낙인찍혀 역사의 뒤안길로 사라졌을 터이고, 그럴 경우 '나폴레옹의 신화' 또한 있을 수 없었으리라. 그렇다면 이런 역사의 우연적인 요인을 뛰어넘어 나폴레옹이 '유럽이 낳은 최후의 영웅'으로 부상할 수 있었던 필연적인 요인은 무엇이었을까? 이질적인 것을 품어 안는 프랑스의 개방성과 포용성이 바로 그것이 아닐까 싶다. 프랑스는 고향인 코르시카에서조차 배척받은 나폴레옹이란 촌뜨기에게 실력만 있으면 맘껏 뛰놀 수 있는 토양을 제공해주었다. 물론 프랑스 대혁명이란 과도기였긴 했지만, 프랑스로 편입된 지 이제 겨우 30년도 안 된 궁벽하고 낯선 외지의 출신자를 차별 없이 받아들일 수 있는 나라는 로마 제국 이래로 프랑스가 처음이 아니었을까? 결국 '나폴레옹의 신화'는 우연이 아닌 프랑스의 개방성과 포용성이라는 필연의 요인 위에 꽃피우게 된다.

⊕ 코르시카 섬의 아작시오Ajaccio에서

서西지중해에 위치한 섬 코르시카와 사르데냐는 위아래로 서로 마주 보고 있다. 코르시카의 남단 보니파시오Bonifacio에서 사르데냐 북단 산타 테레사 갈루라Santa Teresa Gallurarr까지는 뱃길로 채 한 시간도 되는 않는 거리다. 육안으로도 보이는 지척에 있는 두 섬이지만, 풍광은 이상하리만큼 다르다. 군데군데 암반이 드러날 정도로 척박한 사르데냐섬에서는 키 작은 초목만이 자랄 수 있는 황량한 벌판들이 널려 있다. 반면 코르시카섬은 나무들이 빽빽이 들어찬 산들로 가득하다. 남부의 보니파시오에서 중서부의 아작시오Ajaccio까지의 거리는 140㎞ 남짓하지만, 버스로는 3시간 반이나 걸릴 정도로 구불구불한 산길이 계속된다. 어쩌다 반대편 차선에서 대형 트레일러라도 오게 되면 운전은 곧바로 아슬아슬한 곡예로 변한다. 코르시카란 지명이 그리스어로

아작시오의 나폴레옹 생가

'삼림이 있는 섬'이라는 뜻의 키르노스Cyrnos에서 유래되었다는 말이 실감 난다. 생전 안 하던 차멀미까지 나려 할 즈음, 바다가 육지 쪽으로 한껏 파고 들어온 지점에 둥지를 튼 아담한 도시가 보인다. 나폴레옹의 고향 아작시오다.

　당연한 말이지만 아작시오는 나폴레옹의 도시다. 이런 벽촌에서 유럽인들이 꼽는 3대 영웅 중 한 사람이 나왔으니 여부가 있겠는가? 박물관이 된 나폴레옹 생가Maison Bonaparte를 비롯하여 그의 기념관으로 오해하기 십상인 나폴레옹 카페, 나폴레옹 레스토랑, 나폴레옹 주점 등 그야말로 나폴레옹의 이름을 팔지 않는 곳이 없다. 항구도시 아작시오의 시내 곳곳에는 여러 형상의 나폴레옹 동상이 서 있다. 콩피에뉴 전쟁박물관에서 만났던 포슈Foch 원수의 이름을 딴 포슈 광장에는 나폴레옹의 순백색 대리석상이 서 있다. 드골 광장에는 머리에 월계관을 쓰고 로마 황제 복색을 한 나폴레옹의 동상이 당당히 서 있다. 나폴레옹의 가장 큰 동상은 구시가지에서 조금 떨어진 아우스터리츠Austeritz 광장에 있다. 높은 언덕 사면에 조성된 그의 동상은 아우스터리츠의 승리를 한껏 즐기는 듯 위압적으로 저 아래 사람들을 굽어보고 있다.

　우리는 사르데냐섬이 이탈리아 영토이자 유럽에 속해있다는 사실을 당연하게 받아들인다. 하지만 사르데냐 사람들은 자기네들이 살고 있는 사르데냐섬이 유럽과 아프리카의 중간 지점에 걸쳐있다고 말한다. 과연 사르데냐섬을 중심으로 보면 이탈리아 본토나 아프리카 튀니지나 거리가 별반 차이 없다. 이와는 달리 사르데냐섬 위쪽에 위치한 코르시카섬은 확실히 유럽 쪽으로 붙은 섬이다. 프랑스보다는 이탈리아

쪽에 더 가까운 코르시카섬이지만, 지금도 코르시카 사람들은 프랑스인도 이탈리아인도 아닌 코르시카인임을 고집한다고 한다. 하지만 내가 묵었던 아작시오 숙소 주인은 전형적인 프랑스인임에 틀림없었다. 도보 여행자인 나는 통상 구시가지 안에 있는 개인 아파트먼트를 선호한다. 걸어 다니기도 편하고 식사도 간단히 해결할 수 있기 때문이다. 그런데 숙소 주인들도 독일과 프랑스가 확연히 다르다. 독일의 숙소 주인들은 우선 영수증부터 들고나온다. 요구하지 않아도 숙박료를 받은 후에는 정확하게 영수증을 끊어준다. 하지만 프랑스는 그렇지 않다. 물론 정식 호텔은 안 그렇지만, 개인 아파트먼트에서는 영수증을 발행해주는 곳을 본 적이 없다. 아작시오의 숙소 주인도 마찬가지였다. 영수증을 달랬더니 내가 프린트해간 예약서 위에 아무렇게나 사인을 해주고는 끝이다. 이런 걸 보면 독일의 국민총생산GNP은 공표된 숫자 그대로 믿어도 되지만, 프랑스의 그것은 이런 지하경제 규모까지 감안해야 할 것 같다.

포슈 광장의 나폴레옹 대리석상

3.

지금까지 출간된 나폴레옹에 관한 책만도 60만 종이 넘는다고 한다. 필자는 이 책에서 그에 대한 이야기를 독일과의 관계에 초점을 맞추어 기술하려 한다. 18세기 프랑스 계몽주의를 대표하는 인물인 볼테르Voltaire(1694~1778년)는 신성로마 제국을 다음과 같이 혹평했다. "스스로 신성로마 제국이라 칭하였고 아직도 칭하고 있는 이 나라는 딱히 신성하지도 않고ni saint, 로마도 아니며ni romain, 제국도 아니다ni empire." 볼테르가 살았던 시대의 신성로마 제국의 모습만 놓고 보면 분명 정곡正鵠을 찌르는 말이긴 하다. 하지만 이런 비평이 왜 하필이면 당사자인 독일인이 아닌 제삼자인 프랑스인의 입에서 나왔는지 의아하다. 혹시나 볼테르의 잠재의식 속에는 지난 천 년간 프랑스가 독일에 품었던 뿌리 깊은 열등감이 있지 않았을까? 프랑스는 자국의 뿌리를 프랑크 왕국에 두고 있다. 그렇기에 생 드니 대성당 영묘에 클로비스를 위시한 프랑크 왕국의 제왕들을 모셨고, 베르사유 궁전 회랑에는 이들의 석상을 줄줄이 세웠다. 그러나 프랑크 왕국의 적통자임을 자부하는 프랑스에겐 치명적인 아킬레스건이 있음을 이 책의 서두에게 말한 바 있다. 프랑크 왕국의 화룡점정인 샤를마뉴의 무덤이 독일 땅인 아헨Aachen에 있고, 그에게서 연유된 황제의 관이 독일의 수중에 있다는 사실 말이다. 볼테르의 시대에는 중세 권력의 두 축이었던 '황제'와 '교황'이 모두 몰락했지만 그래도 '황제'란 명칭에 대한 애착은 남아 있었다. '교황이 하나이듯이, 황제도 하나'였던 중세 이래의 철칙이 살아있는 한, 제아무리 강력한 왕일지라도 황제의 명예를 뛰어넘을 순 없었다. 이제는 이름만 남은 '황제'이기에 가진 자에겐 별 것 아닐지 몰라도, 가져보지 못한 자에겐 여전히 미련이 남게 마련이다. 프랑스의 열등감은 여기에 있었으며, 프랑스인들의 이러한 감정을 절묘하게 파고든 정치인이 바로 나폴레옹 아니었을까?

한창때의 나폴레옹이 탈취한 광대한 점령지 중에서 프랑스인들의 관심을 가장 많이 끈 지역은 어디었을까? 아마도 1801년 오스트리아로부터 탈취한 라인강 좌안 지역이 아닐까 싶다. 역사적으로 봤을 때 이 지역은 천 년 전 중‡프랑크 왕국의 영토였고, 중‡프랑스 왕국이 와해된 후부터 독일과 프랑스 사이에 쟁탈의 대상이 된 지역이기도 하다. 하지만 그보다 더 중요한 건 이 지역 내에 문제의 아헨이 있다는 사실이었다. 천년 만에 독일인들이 카를 대제라 부르는 샤를마뉴가 묻혀있는 아헨을 손에 넣은 프랑스의 기쁨은 어떠했을까? 또한 프랑스의 이러한 행동에 대해서 독일인들이 느낀 감정은 어떠했을까? 흡사 종갓집의 족보를 방계 가문에 빼앗긴 느낌이 들지 않았을까? 그리고 변변치 못한 종손격인 오스트리아에 대한 실망감은 더욱 컸을 것 같다. 이는 나폴레옹이 몰락한 후인 1815년 빈Wien 조약에 의해 아헨이 다시 독일로 귀속될 때, 원래 주인인 오스트리아가 아닌 프로이센으로 넘어간 사실에서도 유추해 볼 수 있다. 나폴레옹 전쟁 이후 독일 지역의 헤게모니는 오스트리아에서 프로이센에게로 확연히 넘어가고 있었다.

신성로마 제국에 대한 프랑스의 시기심과 경계심은 끝이 없었다. 라인강 좌안 지역을 탈취한 나폴레옹은 이번 기회에 기어이 신성로마 제국을 붕괴시키려 했다. 1804년, 라인강 좌안 지역의 영주와 자치도시들을 회유한 나폴레옹은 그들을 선제후로 임명했다. 자신이 임명한

친親 프랑스적인 선제후들을 통하여 신성로마 제국 황제를 선출할 수 있는 길을 열어놓은 것이다. 이렇게 되자 당시 신성로마 제국 황제였던 프란츠 2세Franz II는 궁지에 몰리게 되었다. 자칫 잘못하다가는 나폴레옹이 옹립한 신성로마 제국 황제가 나올 판이었다. 이에 프란츠 2세는 합스부르크가家의 세습령世襲領을 끌어모아 오스트리아 제국을 선포했다. 자신의 원래 직위였던 오스트리아 대공을 오스트리아 황제로 격상시켜 만약의 경우에 대비한 것이다. 하지만 프란츠 2세의 조치는 신성로마 제국 황제 자리를 더욱이나 유명무실하게 만들었을 뿐만 아니라 나폴레옹이 황제로 즉위하는 길을 열어준 꼴이 되고 말았다. 오스트리아가 황제를 칭하자 프랑스는 왜 안 되냐는 식의 명분을 준 것이다. 1804년 12월 2일, 교황을 들러리로 세운 나폴레옹은 노트르담 대성당에서 성대하게 황제 대관식을 가졌다. 1806년, 이제는 오스트리아 황제 프란츠 1세가 된 신성로마 제국 황제 프란츠 2세는 제국의 사멸을 공식적으로 선포했다.

나폴레옹을 군신軍神으로 묘사한 그림/콩피에뉴 궁전

베르사유Versailles 궁전에서

절대 왕정의 확립을 상징하는 베르사유Versailles 궁전은 '태양왕' 루이 14세의 대표적인 작품이다. 1682년, 루이 14세는 파리에서 베르사유로 사실상의 천도遷都를 했다. 귀족들의 영향력이 강했던 파리를 벗어나려는 의도에서였다니, 왕권이 절정이었던 그의 시대에서조차도 귀족세력을 완전히 제압하지는 못했던 모양이다. 프랑스 대혁명이 발발하던 1789년까지 프랑스 왕국의 정치적 수도였던 베르사유 궁전은 그 규모나 화려함에서 타의 추종을 불허한다. 궁전 내부의 수많은 방 중에서 프랑스의 역사를 접할 수 있는 대표적인 곳으로는 '거울의 방La Galerie des Glaces'과 '전쟁의 방Salon de la Guerre'을 꼽을 수 있다.

우리에게 잘 알려진 '거울의 방'은 길이 73m, 너비 10m, 높이 13m의 장방형 방으로 방이라기보단 갤러리에 가깝다. 정원을 향해 낸 17개의 아치형 창문으로 들어오는 햇빛은 반대편 벽에 설치된 똑같은 모양의 아치형 거울에 반사되어 방 전체를 환히 밝히고 있다. 지금이야 흔한 게 거울이지만, 당시로선 엄청 비쌌던 거울을 저렇게 물 쓰듯 썼던 프랑스 왕실의 호사스러움이 묻어나는 듯하다. 하지만 이 아름다운 방을 한때 독일과 프랑스는 아수라장으로 만든 적이 있었다. 서문에서 말했듯이 1870년 프로이센-프랑스 전쟁에서 승리한 독일인들은 바로 이 방에 모여 독일 제국의 성립을 선포했다. 그로부터 반세기 후인 1919년, 이번에는 프랑스인들이 제1차 세계대전에서 패한 독일을 굳이 이 방으로 불러들여 항복을 받아냈다. 지금은 관광객들로 발 디딜 틈이 없지만, 독불獨佛 양국 간의 유치하게까지 보이는 기싸움이 벌어졌던 역사적인 장소가 바로 이 방이었다.

'거울의 방La Galerie des Glaces'보다는 덜 알려졌지만 '전쟁의 방Salon de la Guerre'이야말로 프랑스의 역사를 한눈에 볼 수 있는 곳이다. '전쟁의 방'은 2017년, 마크롱Macron 프랑스 대통령이 푸틴Putin 러시아 대통령과 정상회담을 마친 후 함께 들렀던 곳이기도 하다. 프랑스 대통령은 무슨 의도로 러시아 대통령을 이 방으로 안내한 것일까? 장방형의 '전쟁의 방' 양쪽 벽에는 프랑스가 승리했던 전투장면을 시대별로 묘사한 장대한 그림들이 줄줄이 걸려있다. 그림의 주인공들을 살펴보면 서西고트 왕국을 격파한 프랑크 왕국의 시조 클로비스부터 푸아티에Poit-iers 회전會戰의 카를 마르텔, 샤를마뉴의 정복전쟁, 노르만족의 침공을 물리친 파리 공방전, 부뱅Bouvines 전투의 필리프 2세 순으로 이 책에서 지금까지 다룬 인물들이 빠짐없이 들어있다. 그림의 주인공들은 실

베르사유 궁전의 '거울의 방'

로 프랑스의 영웅들이라 할 만하며, 여기에 꼽히는 것만으로도 더할 나위 없는 영광이리라. 그런데 클로비스나 샤를마뉴조차도 오직 한 폭씩의 그림에 만족할 뿐인데, 예외적으로 세 폭이나 되는 그림을 차지하고 있는 인물이 있다. 나폴레옹 보나파르트Napoléon Bonaparte가 바로 그다. 러시아 원정을 단행했던 나폴레옹이 실질적 주인공인 '전쟁의 방'으로 푸틴 대통령을 안내한 마크롱 대통령의 속셈은 다음과 같지 않았을까? "현재야 당신네가 우리보다 강대국이란 건 인정하지만, 그렇다고 우리를 깔보면 안 될 거요." 비록 패배한 전쟁은 쏙 빼버린 채 승리한 전쟁만 나열해놓았지만, '전쟁의 방'은 프랑스의 자존심을 한껏 자랑하는 곳이었다. 그리고 그 중심에는 나폴레옹이 있었다.

베르사유 궁전의 '전쟁의 방'

4.

1805년, 황제가 된 나폴레옹이 프랑스 국민의 인기를 등에 업고 대제국大帝國을 건설해나가자 이에 놀란 오스트리아·러시아·영국은 제3차 대對 프랑스 동맹을 결성했다. 하지만 나폴레옹은 이를 비웃기라도 하듯이 아우스터리츠 전투Battle of Austerlitz에서 오스트리아·러시아 연합군을 격파했다. 이때의 전투 장면을 묘사한 벽화가 앞에서 말한 베르사유 궁전 '전쟁의 방'의 대미大尾를 장식하고 있으니, 그 그림을 본 푸틴 대통령의 속내가 어떠했을지 참 궁금하다. 이듬해인 1806년 6월, 나폴레옹은 겨우 숨만 붙어있는 신성로마 제국의 명맥을 끊기 위해 마지막 칼날을 들이댔다. 석 달 내로 신성로마 제국을 해체하지 않으면 선전포고하겠다고 오스트리아에게 최후통첩을 보낸 것이다. 기진맥진한 오스트리아로서는 다른 방법이 없었다. 1806년 8월 6일, 오스트리아의 프란츠 2세는 신성로마 제국 황제에서 퇴위하고 제국 내의 모든 권한을 포기한다고 선언했다. 오토 1세가 황제에 오른 962년부터 따져서 정확하게 844년 만에 공식적으로 신성로마 제국이 소멸되는 순간이었다. 이날은 프랑스인들은 십 년 묵은 체증이 내려가는 통쾌함을 느꼈겠지만, 독일인들은 가슴속 깊이 한이 남는 날이었다. 아무리 명색뿐인 '황제'였다지만 독일인들의 '황제'에 대한 애착은 뿌리 깊었기 때문이었다. 훗날 이야기지만 1870년 프로이센-프랑스 전쟁에서 승리한 후 베르사유 궁전의 '거울의 방'에서 독일 제국의 성립을 선포한 행위는 독일인들의 한풀이 의식에 다름 아니었다.

◈ 베를린 역사박물관Deutsches Historisches Museum에서

베를린 역사박물관은 베를린 건립 750주년이 되던 해인 1987년 개관되었다. 베를린의 중심거리인 운터 덴 린덴Unter den Linden에 위치한 옛 무기고 건물Zeughaus을 본관으로 사용하고 있는 베를린 역사박물관은 독일인답게 역사적 사실을 체계적으로 잘 정리해놓았다. 역사박물관에서 필자의 일차 관심사는 1870년 독일 통일을 위해 필연적으로 치러야 했던 프로이센-오스트리아 전쟁과 프로이센-프랑스 전쟁에 대한 독일인들의 인식이었다. 역시나 이들은 우리가 세계사 시간에 배웠던 내용과는 전혀 다른 시각을 갖고 있었다. 우리가 프로이센-오스트리아 전쟁普墺戰爭으로 부르는 1866년의 전쟁을 이들은 '독일전쟁 Deutscher Krieg'으로 부르며, 아주 간략하게 기술하고 있을 뿐이었다. 이는 무엇을 의미하는 것일까? 제3자인 우리는 프로이센과 오스트리

베를린 역사박물관

아를 각각 다른 나라로 인식한 반면, 당사자인 이들은 프로이센-오스트리아 전쟁이 국가 대 국가가 아닌 독일 내부문제로 인식했다는 뜻이다. 이는 외부에서는 '한국전쟁Korean War'이라 부르지만 우리는 '6.25 사변'이라 부르는 것과 같은 이치다. 사실 지금의 독일과 오스트리아는 역사적으로 떼려야 뗄 수 없는 관계이다. 프랑크푸르트나 아우구스부르크, 함부르크 등 독일의 여러 도시의 시청사에는 역대 독일 황제들의 동상이나 초상화가 걸려있다. 그들 중에서 오스트리아 합스부르크가家 출신의 황제들을 뺀다면 독일 역사 자체가 성립되지 않는다. 프로이센-오스트리아 전쟁은 말하자면 '독일'이란 집에서 장남 오스트리아가 막냇동생 프로이센에게 얻어맞고 쫓겨난 격이었다. 사정이 그러하니 쫓겨난 오스트리아는 말할 것도 없고, 형을 쫓아낸 프로이센도 두루뭉술하게 넘어가고 싶었으리라.

이와는 반대로 1870년의 프로이센-프랑스 전쟁에 대한 기술은 요란스러울 정도다. 30년 전쟁 이후로 프랑스에 역전당한 독일은 나폴레옹이란 희대의 영웅에게 말할 수 없는 치욕을 당했다. 그로 인해 독일인들의 자존심과 자신감은 땅에 떨어졌다. 오죽했으면 한때 독일인들은 프랑스를 로마로, 자신들을 로마에게 정복당한 그리스로 비유할 정도였으니 말이다. 그런데 그런 패배감을 한 방에 날려버린 쾌거가 프로이센-프랑스 전쟁에서의 승리였다. 더구나 프랑스에 쟁취한 승리는 오스트리아의 그것과는 달리 맘껏 자랑할 수 있었다. 베르사유 궁전의 '거울의 방'에서 행한 독일제국 선포식은 그러한 독일인들의 감정이 여과 없이 표출된 장면이었다. 베를린 역사박물관에는 프랑스인들이 제일 싫어할 그때의 장면을 담은 큰 그림이 벽에 걸려있었다.

'거울의 방'에서 행한 독일제국 선포식/ 베를린 역사박물관

나폴레옹 전쟁이 독일에 미친 영향은 무엇이었을까? 전쟁 초기만 해도 지금과 같은 '민족주의'나 '국민국가'라는 개념은 별로 없었다. 베토벤의 제3번 교향곡, 일명 '영웅교향곡'에 얽힌 일화는 이 같은 사실을 말해준다. 나폴레옹을 존경한 베토벤이 그에게 헌정할 교향곡을 작곡했지만, 나폴레옹이 황제가 되었다는 소식에 격분해서 표지를 찢어버렸다는 것이 그 내용이다. 그런데 나폴레옹의 황제 즉위가 왜 베토벤을 그토록 격분시켰을까? 독일인인 신성로마 제국 황제가 있는데, 프랑스인이 황제를 참칭했다는 민족주의에 기초한 감정이었을까? 결코 그렇지 않음은 독일인 베토벤이 오스트리아나 프로이센 등의 독일 영방을 패배시킨 프랑스인 나폴레옹을 존경했다는 사실에서 알 수 있다. 그렇다면 널리 알려진 대로 영웅으로 남기를 원했던 나폴레옹이 황제가 되자, 또 다른 독재자가 되었다는 실망감에 격분한 것일까? 자유·평등·박애를 사랑한 이상주의자 베토벤이기에 충분히 그럴 수도 있다. 하지만 황제든, 왕이든, 영웅이든 어차피 독재자일 수밖에 없는 게 그들의 속성일진대, 유독 '황제'란 명칭에 왜 그렇게 거부감을 보였는지는 상기 설명만으로 충분치 않다. 혹시 베토벤의 잠재의식 속에도 '교황이 하나이듯, 황제도 하나'라는 중세의 불문율이 아직도 남아있지 않았을까?

하지만 나폴레옹 전쟁이 종결된 1815년 이후라면 이런 유類의 억측은 발 디딜 틈이 없게 된다. 나폴레옹 전쟁 이후 자유주의와 민족주의를 근간으로 하는 프랑스 혁명 이념이 전파된 유럽에서 더 이상 그러한 중세적 사고방식은 의미 없기 때문이다. 유럽 각국의 봉건제와 신분제를 폐지시킨 결정적 역할을 한 민족주의와 자유주의는 당연히 독일에도 큰 영향을 미쳤다. 돌이켜보면 나폴레옹이란 인물은 프랑스뿐만 아니라 독일에도 '새로운 피'였다. 프랑스에게는 부르봉 왕조시대부터 누적되어온 '앙시앵 레짐'을 타파한 '새로운 피'였다면, 독일에는 천년 동안 지속되어온 '부족 연합체' 성격의 독일을 근대 민족국가로 탈바꿈시키는 모티브를 제공한 '새로운 피'였다. 비록 그것이 나폴레옹이 원했던 것은 아니었지만 말이다. 사실 나폴레옹은 독일 스스로 정리하기 힘든 과제를 해결해 주었다. 1804년 라인강 좌안 지역을 탈취한 나폴레옹은 신성로마 제국을 압박할 목적으로 해당 지역의 독일 영주와 자치도시들을 묶어 남서 독일 16개국으로 구성된 라인 연방Rhein-bund을 만들었다. 그 과정에서 수많은 군소 영방들을 정리하여 16개 영방으로 통합하였으니, 사분오열되어있던 독일의 국토를 정리하는 데 나폴레옹의 도움을 받은 격이다. 그리고 무엇보다도 중요한 사실은 나폴레옹이란 외부충격이 독일인들의 민족 정체성을 일깨워, 그들로 하여금 합심하여 침략자에 대항하게 만든 것이다. 1806년의 대大굴욕은 모든 독일인들의 의식 속에 깊이 각인되어 19세기 말이 지날 때까지 잊히지 않았다. 그 결과 마침내 독일인들은 천년 만에 최초의 통합국가를 이루어내었다. 이를 보면 '새로운 피'는 필연적으로 고통과 희생을 수반하는 것 같다.

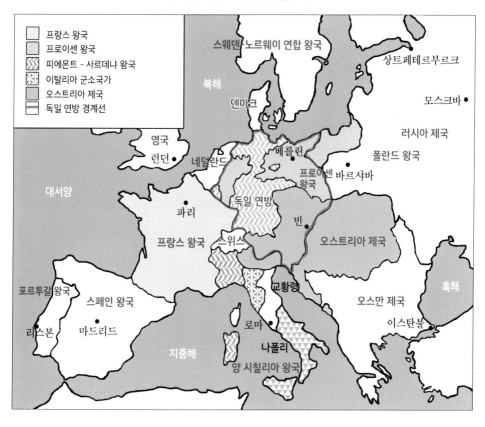

프랑스 왕국
프로이센 왕국
피에몬트 - 사르데냐 왕국
이탈리아 군소국가
오스트리아 제국
독일 연방 경계선

스웨덴-노르웨이 연합 왕국
상트페테르부르크

북해
모스크바

덴마크
러시아 제국

영국
베를린
폴란드 왕국

런던
네덜란드
프로이센
바르샤바
왕국

대서양
독일 연방

파리
빈

프랑스 왕국
스위스
오스트리아 제국

흑해

포르투갈왕국
교황령

스페인 왕국
오스만 제국

리스본
로마
이스탄불

마드리드
나폴리

지중해
양 시칠리아 왕국

1812년의 러시아 원정에서 나폴레옹이 완패한 후 러시아, 오스트리아, 프로이센, 스웨덴, 영국 등은 제6차 대對프랑스 동맹을 맺었다. 이듬해인 1813년, 양측은 독일 남서부의 라이프치히Leipzig에서 대회전大會戰을 벌였다. 제1차 세계대전이 발발하기 전까지 가장 큰 규모의 전투였다는 '라이프치히Leipzig 전투'는 양측 합쳐 50만 명 이상 참전한 결과 사상자만도 8만~11만 명이 발생한 참혹한 전투였다. 라이프치히 전투에서 패배한 나폴레옹은 1814년 엘바섬으로 유배되었다. 라이프치히 교외에는 그때의 승리를 기념하는 'Forum 1813'이 있다. 바벨탑을 연상시키는 높이 91m의 전승기념비Völkerschlachtdenkmal가 인상적인 'Forum 1813'은 라이프치히 전투 100주년을 맞은 1913년에 조성되었

'Forum 1813'의 전승기념비

다. 전쟁박물관의 오디오 가이드는 다음과 같은 말로 시작된다. "프랑스 출신인지, 이탈리아 출신인지도 모를 159cm의 단신인 이 사나이는……" 나폴레옹이 태어난 아작시오Ajaccio부터 영면해있는 앵발리드Invalides까지 빠짐없이 그의 발자취를 추적해왔지만, 이처럼 노골적으로 그를 조롱하는 곳은 처음 보았다. 그만큼 나폴레옹에 대한 독일인들의 거부감이 크다는 뜻일까?

　그러나 나폴레옹의 신화는 엘바섬에서 끝나지 않았다. 전후 문제를 다루는 빈Wien 회의에서 각국의 이해가 충돌하자, 그 틈을 노려 1815년 2월 26일 나폴레옹은 엘바섬을 탈출했다. 나폴레옹의 복귀 소식에 정신을 차린 연합국은 일제히 단결하여 프랑스로 진격했다. 결국 나폴레옹과 연합국은 지금의 벨기에 워털루Waterloo 인근에서 최후의 결전을 벌였다. 하지만 이미 대세는 나폴레옹 편이 아니었다. 나폴레옹이 이끄는 프랑스군은 영국군과 프로이센군이 연합한 동맹군에게 패배했다. 후세의 프랑스인들은 워털루 전투 전날 밤에 비만 오지 않았다면 나폴레옹이 승리했을 것이라며 아쉬워했다. 비가 와서 진흙탕이 되는 통에 대포 이동이 늦어졌고, 그 결과 공격 시간을 늦춘 게 결정적인 패인으로 꼽혔기 때문이었다. 하지만 이미 국력이 고갈된 프랑스에 '워털루Waterloo 전투'는 예견된 패배였다. 그리고 이런 사정을 누구보다 더 잘 알고 있었던 나폴레옹이었기에 전쟁 대신 협상의 손길을 내밀었지만 아무도 호응하지 않았다. 워털루 전투는 궁지에 몰린 나폴레옹이 남아있는 모든 힘을 쏟아부었던 배수진이었다.

　라이프치히 전쟁터의 상징이 '전승기념탑'이라면, 워털루 전쟁터의 상징은 '사자의 언덕'이다. 높이 41m의 피라미드 형상인 이 언덕은 워털루 전투의 승리를 기념하기 위해 사람이 쌓아 올린 언덕이다. 사방이 평탄하기에 더욱이나 높아 보이는 언덕을 오르려면 225계단을 밟아야 한다. 언덕 위에는 높이 4.45m, 길이 4.5m, 무게 31톤이나 되는 청동 사자 동상이 늠름하게 서 있다. 프랑스군이 퇴각하면서 버리고 간 대포를 녹여서 만들었다는 사자의 오른발은 세계의 승리를 상징하는 지구의를 딛고 있다. 몸을 가누기 어려울 정도로 거세게 불어오는 봄바람을 피해 동상 좌대 밑에 웅크려 앉아 워털루 평원을 내려다본다. 파란 밀밭과 노란 유채꽃밭이 어우러져 한없이 평화로운 풍경을 자아내는 이곳에서 200년 전 단 하룻밤 새에 5만 명의 젊은 목숨이 스러져 갔다. "위대한 시대를 잉태하기 위해서는 위대한 사람의 소멸이 필요했다."라고 빅토르 위고Victor Hugo는 말했다지만 그리 공감이 가지는 않는다. 당사자인 나폴레옹이야 그렇다 쳐도, 그로 인해 왜 수많은 사람들이 희생되었어야 하는지에 대한 설명이 없기 때문이다.

워털루의 '사자의 언덕'

✣ 내가 본 독일인과 프랑스인, 그리고 이탈리아인

우리는 '영국 신사', '독일 병정', '프랑스 멋쟁이', '이탈리아 바람둥이'
와 같이 한 나라를 특징짓는 이미지에 익숙하다. 어떤 나라를 이렇게
한마디로 정의하는 것이 무리이긴 하지만, 여러 나라를 돌아다니다 보
면 그 나라만의 특징이 눈에 들어오는 것 또한 사실이다. 필자가 보고
느낀 독일, 프랑스, 이탈리아 세 나라의 특징 몇 가지를 정리해보면 다
음과 같다.

(1) 세 나라 도시들의 특징

독일 도시들 중에는 폭에 비하여 유난히 길게 뻗은 공원이 도심에
자리한 곳을 심심치 않게 볼 수 있다. 슈투트가르트Stuttgart, 바이마르
Weimar, 본Bonn과 같은 도시가 그러하며, 포츠담의 상수시Sanssouci 궁
전공원이나 베를린의 티어가르텐Tiergarten 도심공원도 이에 속한다. 이
는 독일이 오랫동안 통합 국가가 아닌 지방분권 국가로 존속했었음을
보여주는 징표이다. 사실 이러한 도시들의 공원은 예전엔 왕궁이나 대
공 궁전, 또는 선제후 궁전에 딸려있던 정원이나 사냥터를 시민들에게
개방한 것이다. 슈투트가르트는 뷔르템베르크 왕국의 수도였고, 바이
마르는 작센-바이마르-아이제나흐 대공국의 수도였으며, 본은 쾰른 선
제후의 궁전이 있던 곳이었다. 또한 티어가르텐 도심공원은 브란덴부
르크 선제후의 사냥터였으며, 상수시 궁전공원은 프로이센 왕궁이 있
는 곳이었다. 이렇게 지방분권의 역사가 깊었던 나라답게 독일은 웬만

한 도시라면 궁전Palace 한두 군데쯤은 있는 게 프랑스나 이탈리아 도시들과는 다른 특징이다.

독일 도시들의 두 번째 특징은 도시 역사에 어울리지 않게 도시 외관이 너무 젊다는 점이다. 영국의 경우엔 비록 이름 없는 소도시라 할지라도 도시 구석구석에 쌓여있는 역사의 무게를 읽을 수 있다. 그러나 독일은 유구한 역사를 자랑하는 도시들에서조차 역사의 무게를 느껴보기 힘들다. 이는 수많은 전쟁, 그중에서도 특히 제2차 세계대전으로 인한 전화戰禍 때문인 경우가 많다. 그리고 그러한 현상은 라이프치히Leipzig나 드레스덴Dresden과 같은 구舊 동독 지역의 도시일수록 더 심하다. 이는 아무래도 구舊 서독 지역에 비해 전후 복구가 늦어진 탓인가 싶다. 여기에 더하여 독일인들의 실용성이 도시를 더욱 젊게 만드는 것 같다. 초현대식 돔 모양으로 지은 쾰른의 오페라하우스는 임시건물이 아닐까 싶을 정도로 파격적이다. 유구한 역사를 자랑하는 라이프치히 대학의 새로 지은 교정은 쇼핑센터처럼 보인다. 그뿐만 아

슈투트가르트 왕궁과 그 앞으로 쭉 뻗은 도심공원

니라 중세 뮌헨의 4대 성문 중 하나였던 이자르 문Isar Tor의 왼쪽 탑은 지하철역과 연결되어있다. 우리 같으면 고이 모셔둘 유적지를 이들은 사용할 수 있는 한 계속 사용하겠다는 뜻인 것 같다.

프랑스 도시들의 특징을 한마디로 말하라면 '넓은 가로수길'을 뜻하는 '블러바드Boulevard'가 아닐까? 파리Paris를 비롯하여 리옹Lyon이나 디종Dijon, 오를레앙Orléans과 같은 지방도시에 가보면 '블러바드'가 어떤 개념인지 알 수 있다. '블러바드'는 '차 중심'이 아닌 '사람 중심'으로 만든 길이다. 걷기에 넉넉하고 편안한 '사람 친화적'인 '블러바드'는 '프랑스식 자유'를 만끽할 수 있는 곳이다. '블러바드'의 개념과 정반대에 있는 길이 모스크바의 붉은 광장으로 들어가는 사거리이다. 드넓은 사거리 중에 세 줄기 도로에는 횡단보도가 있지만, 이상하게도 한 줄기 도로에는 횡단보도가 없다. 도로 시스템을 모르는 사람은 건너편 길

초현대식 건물로 지은 라이프치히 대학

파리의 전형적인 '블러바드Boulevard'

로 가려면 270˚를 돌아가야 한다. 나중에야 횡단보도가 없는 도로에는 훨씬 뒤편으로 지하도가 있다는 사실을 알게 되지만 말이다. 그곳은 '사람 중심'이 아닌 '차 중심'의 관리편의주의가 우선인 세계였다.

프랑스 도시들의 두 번째 특징은 독일이나 이탈리아 도시들에 비해 상대적으로 표준화되어 있다는 점이다. 도시마다 지방 영주의 동상들이 제각각 들어서 있는 독일의 도시들과는 달리, 프랑스의 도시에는 국가 통일의 표상인 '잔 다르크' 동상이 어딘가에는 있다. 또한 독일이 주요 도시마다 궁전이 있다면, 프랑스의 경우는 궁전 대신에 성채Castle나 거성居城이 많다. 이는 독일이나 이탈리아에 비해 일찍부터 중앙집권을 이루어낸 결과물일 것이다.

'인종의 도가니'로 불리는 프랑스답게 시내엔 유색인들이 많다. 프로이센-프랑스 전쟁의 패전으로 사기가 떨어진 파리 시민들을 격려하기

이프 섬에서 본 마르세유 전경

위해 지었다는 몽마르트 언덕의 사끄레꾀르 성당La Basilique Sacre
Coeur엘 가보자. 프랑스 정신을 고취시키는 성당에 청소하는 사람부터
입장객들을 통제하는 관리인까지 모두가 흑인이다. 마르세유 기차역
뒷골목을 걷다 보면 여기가 프랑스 도시인지, 아니면 북아프리카의 어
느 도시인지 혼란스럽다. 아랍풍의 음악이 흘러나오는 골목골목에는
모로코나 알제리에서 넘어온 사람들로 넘쳐난다. 물론 독일에도 터키
인들이 있지만 이와는 비교가 안 된다. 독일에 비해 일찍부터 해외 식
민지 개척에 뛰어든 결과라지만, 아무튼 프랑스의 개방성이 돋보이는
대목이기도 하다.

　이탈리아 도시들의 첫인상은 몇백 년 뒤쯤의 프랑스 도시들을 미리
보는 느낌이 든다. 이들은 옛날에도 지금과 별로 다르지 않을 것 같다
는 생각이 들 정도로 쇠락해 보인다. 특히 남부로 내려갈수록 그러한
인상은 짙어지며, 남루하고 무질서한 도시 모습은 유럽 도시라기보다

는 아시아 도시에 가깝다. 하지만 그러한 외양과는 달리 도시의 기반은 무척 탄탄하다. 이탈리아반도의 발뒤꿈치에 해당하는 폴리아Puglia 주州에는 '바로크의 피렌체'로 불리는 레체Lecce란 도시가 있다. 우리에게는 잘 알려져 있지 않지만, 레체는 바로크 양식의 건축물들이 많아서 유럽 관광객들이 즐겨 찾는 도시다. 레체의 숨은 매력 중에 하나는 구시가지의 도로를 뒤덮고 있는 통 대리석이다. 반들반들 닳은 대리석이 깔린 길을 걷다 보면 그냥 신발 벗고 맨발로 걷고 싶은 마음이 절로 든다. 여기에 더하여 4월의 레체는 가로수로 천리향 나무를 심어놓아 도시 전체가 꽃향기로 뒤덮인다. 이와 같이 지금은 비록 퇴색했다지만 이탈리아 도시들은 나름의 품격을 지니고 있다.

이탈리아 도시들의 두 번째 특징은 멀쩡한 평지를 놔두고 높은 산

레체의 개선문과 대리석이 깔린 구시가지의 거리

위에 까치집을 튼 도시들이 많다는 점이다. 이는 시칠리아를 포함하여 이탈리아 남부 해안지방으로 내려갈수록 더욱 그렇다. '신들의 도시'로 불리는 아그리젠토Agrigento는 시칠리아 남부 해안도시다. 아그리젠토는 콩코르디아Concordia 신전, 헤라Hera 신전, 헤라클레스Hercules 신전 등의 고대 그리스 신전들이 모여 있는 '신전들의 계곡'으로 유명하다. 그런데 아그리젠토 구시가지와 그 아래에 있는 '신전들의 계곡'의 위치가 낯설어 보인다. 보통이라면 신들을 모시는 신전이 사람들이 거주하는 곳보다는 높이 있어야 할 텐데, 이 도시는 정반대이기 때문이다. 실제로 '신전들의 계곡'에서 보이는 구시가지는 훨씬 위에 있다. 신들이 보신다면 정말 방자하기 짝이 없는 인간들이다. 하지만 로마 제국이 멸망한 이후로 이들이 겪었던 고난을 헤아린다면 신들도 이해하실 것이다. 지중해 제해권을 장악했던 고대 그리스인들은 맘 놓고 저지低地

헤라 신전과 건너편 산 위의 아그리젠토 시가지

에 신전을 지을 수 있었겠지만, 이슬람과 노르만족에 시달렸던 중세 이탈리아인들은 고지高地로 피신할 수밖에 없었으리라.

(2) 독일인의 준법성과 이탈리아인의 융통성

규정이나 법을 지키는 독일인의 준법성에 대해서는 새삼 말할 필요가 없다. 특히 베를린을 중심으로 한 구舊 프로이센 왕국 지역(구舊 동독 지역과 많이 겹친다)의 경우는 그 정도가 더 심하다. 그곳에서는 이른 새벽, 파란 불이 들어올 때까지 아무도 없는 횡단보도에서 혼자 하염없이 기다리는 모습이 너무나 자연스럽게 보인다. 그냥 정해진 대로만 행동하면 제일 편한 곳이 독일이기 때문이다. 독일에서 개인적인 사정을 호소하다가는 계획성 없는 사람으로 내몰리기 쉽다. 이런 독일인과 반대 방향에 있는 사람들이 아마도 이탈리아인일 것이다. 시칠리아의 남부 도시인 카타니아Catania에서 이탈리아반도의 남쪽 도시인 레체 Lecce로 갈 때의 일이었다. 열차 편으로는 직접 연결이 되지 않는 통에 장거리 버스를 탔다. 시내에서 길 건너기 무서울 정도로 교통질서를 지키지 않는 모습에 질렸기에 버스는 내키지 않았지만 별 수 없었다. 조금은 불안한 마음이 들어 출발한 처음 얼마 동안은 버스기사를 지켜봤지만 이내 기우였음을 알게 되었다. 시내에서와는 달리 버스기사는 앞에 지체 차량이 있어도 전방 확보가 되지 않는 곳에서는 절대 추월하지 않았다. 이들의 운행 시스템 또한 나를 안심시키기에 충분했다. 버스기사는 카타니아에서 레체까지의 10시간 가까운 운행시간 중에 어디에서 쉬고, 어디에서 식사한다는 매뉴얼을 칼같이 지켰다. 이

리오마조레와 마나롤라 사이의 '사랑의 길Via dell`amore'

럴 때의 이탈리아인들은 독일인들과 구분이 안 된다.

세계에서 제일 아름다운 드라이브 코스가 아말피Amalfi 해안도로라면, 보행자의 낙원 길은 친퀘테레Cinque Terre의 해안절벽 길일 것이다. 그중에서도 리오마조레Riomaggiore와 마나롤라Manarola를 이어주는 '사랑의 길Via dell`amore'은 그야말로 환상의 길이다. 피렌체에서 당일치기로 친퀘테레 여행을 갔을 때의 일이다. 전혀 우산 쓸 필요가 없을 정도로 하늘에서 가랑비가 오는 듯 마는 듯 하는 날이었다. 별생각 없이 'Via dell`amore'로 갔다가 허탈감만 갖고 발길을 되돌릴 수밖에 없었다. 과하다 싶을 정도로 철저히 도로를 폐쇄해버렸기 때문이었다. 오히려 걷기엔 더 최적인 날이었음에도, 붕괴 위험에 대비하여 폐쇄한다는 이탈리아인들이 새삼스러워 보였다. 어쩌면 이탈리아인들은 지키지 않아도 될 것에는 융통성을 발휘하지만, 지켜야 할 것은 독일인 못지않게 철저히 지키는 사람들인 듯싶다. 그런 이탈리아인들에게 독일인들은 안 지켜도 될 것까지 기계적으로 지키는 꽉 막힌 사람들로 보일지 모른다. 물론 지켜야 할 것과 지키지 않아도 될 것에 대한 기준 자체가 모호하긴 하지만 말이다. 그렇다면 우리는 어떨까? 혹시 우리는 꼭 지켜야 할 것까지에도 융통성을 발휘하는 것은 아닐까?

(3) 독일인의 치밀성과 프랑스인의 상상력

독일인과 프랑스인의 특성을 가장 잘 보여주는 대표적인 건축물을 들라면 노이슈반슈타인성城Schloss Neuschwanstein과 몽생미셸Mont Saint Michel 수도원을 꼽고 싶다. 독일 바이에른주 퓌센Füssen 근교에 위치한 노이슈반슈타인성城은 치밀한 아름다움을 자랑하고 있다. 한 치의 어긋남도 없이 기하학적인 미美를 뽐내는 노이슈반슈타인성을 보면 독일인들의 품성을 미루어 짐작할 수 있다. 한편 프랑스 노르망디 지방에 있는 몽생미셸은 노이슈반슈타인과는 전혀 다른 자연미를 보여준다. 자로 잰 것 같은 균형과 대칭을 강조하는 노이슈반슈타인과는 달리 몽생미셸은 돌섬 위에 아무렇게나 쌓아 올린 성채처럼 보인다. 하지만 하나하나는 무질서해 보여도 전체 모습은 기막히게 자연스러운 조화를 이루고 있다. 몽생미셸이 없는 본래의 해변 모습은 어땠을까? 주변이 온통 평평한 해변에 조그만 돌섬 하나가 유일하게 솟아있는 지극히 평범한 곳이었을 것이다. 몽생미셸은 프랑스인들의 상상력이 구현되었기에 세계적인 명소가 될 수 있었다.

프랑스인들의 상상력의 산물인 몽생미셸 수도원

몽생미셸에서 볼 수 있는 프랑스인들의 자유분방自由奔放함은 때로는 일상생활에서 우리가 이해하기 힘든 행태로 나타나기도 한다. 프랑스 대혁명의 진원지였던 바스티유Bastille 감옥 옛터에 지금은 혁명 200주년을 기념하여 지은 바스티유 오페라극장이 있다. 오페라 극장 계단에 앉아 잠시 쉬고 있을 때였다. 벌건 대낮에 잘생긴 백인 청년이 남이 보든 말든 치부를 드러내고는 모퉁이에서 실례를 하고 간다. 어쩐지 지린 냄새가 나더라니 계단 배수로가 공중화장실이 되어버린 것이다. 쉬농소Chenonceau성의 레스토랑에서 있었던 일이다. 평일 오전이라 손님도 많지 않은 레스토랑에서 스테이크를 주문했다. 그런데 멀쩡하게 생긴 종업원이 팁으로 20유로를 줬으면 좋겠다고 말한다. 잘못 들었을까 해서 다시 물었지만 똑같은 얘기를 한다. 아니, 스테이크값이 50유로인데 이건 무슨 경우인지 모르겠다. 독일에서라면 결코 있을 수 없는 일들이 프랑스나 이탈리아에서는 간혹 일어나고 있다.

지금까지 필자는 이탈리아인들에 비해 상대적으로 독일인들의 평가에 인색했다. 앞에서 말한 베를린에서의 '독일 패스 사건' 영향 탓도 있겠지만, 그럼에도 불구하고 부인할 수 없는 독일인들의 덕목이 있다. 다름 아닌 그들에 대한 '신뢰감'이 그것이다. 무뚝뚝한 독일인에 비하여 프랑스인들은 참 쾌활하고 친절하다. 그렇다고 프랑스인들의 말을 액면 그대로 다 믿어서는 안 된다. 몽생미셸의 숙소에서 있었던 일이다. 개인 집인 숙소에 들어서니 주인아줌마가 어찌나 친절한지 마음이 절로 편안해진다. 무엇이든지 편하게 사용하라며 필요하면 슈퍼마켓에서 먹거리를 사다가 조리해 먹을 수도 있단다. 가볍게 동네를 산책하다가 마침 슈퍼마켓이 보이기에 별생각 없이 냉동 피자를 사 왔다. 하지만 주인 아줌마의 표정을 본 순간 아차! 했다. 인사치례로 한 말이었는데 눈치 없이 사 왔으니 말이다. '필요하면'이란 외교적인 수사를 무시한 결과였는데, 독일 아줌마라면 그렇게 피곤한 눈치싸움을 할 필요가 없었을 것이다. 그들은 되는 것과 안 되는 것을 명확히 말하기 때문이다.

　　독일 여행을 하다 보면 어느새 독일인과 독일 시스템에 대한 신뢰감이 절로 생기게 된다. 슈투트가르트의 싸구려 호텔에서 겪은 일이다. 여행경비 중에 절약할 수 있는 제일 만만한 비용이 숙박비인지라, 싱글룸이지만 화장실과 욕실은 공동으로 쓰는 호텔을 택했다. 저녁 식사와 샤워를 마치고 편안히 누워 잠을 청하려는데 몇 잔 마신 맥주가 말썽이다. 화장실을 들락거릴 때마다 열쇠로 문을 잠그는 게 귀찮다. 도대체 무슨 생각에서였을까? 방 안쪽 열쇠구멍에 열쇠를 꽂아두면

문이 잠기지 않을 것이라는 생각이 불쑥 들었다. 하지만 밖에서 문을 닫는 순간 소리도 야무지게 문 잠기는 소리가 들린다. 뒤늦게 열어보지만 어찌나 단단한지 바늘 하나 들어갈 틈이 없다. 할 수 없이 프런트로 내려가니 이런 일은 수시로 일어난다며 할아버지가 호기롭게 마스터키를 갖고 나선다. 혹시나 하는 마음에 그때까지 내가 저지른 실수를 숨겼지만, 아무리 애써도 열리지 않는 문과 씨름하는 할아버지를 더는 속일 수 없었다. 사실은 이러저러하다고 실토했더니 그때부터 이 할아버지 비상사태로 들어섰다. 못 쓰는 신용카드를 문틈으로 밀어 넣어보려 하지만 어림도 없다. 족히 반 시간을 애쓰던 할아버지는 어쩔 수 없다며 우선 빈방에 들어가 자란다. 문은 내일 아침 전문가를 불러야 한다는 말에 걱정이 태산이다. 비용 좀 아끼려다 멀쩡한 문짝 값을 배상해야 될 판이다. 다음 날 아침 일찍 내려가 보니 밤새 프런트 직원이 할아버지에서 아가씨로 바뀌었다. 놀라서 물었더니 이미 인수인계가 잘 되어있었다. 월요일 아침이라 바쁘기 때문에 오전 아홉 시에서 열 시 사이에 사람이 올 거라며 아침 식사나 하란다. 반바지에 러닝셔츠만 걸친 몰골로 젊은이들 틈에서 식사를 하자니 가관이다. 아침 식사를 마치고 방에 들어와 문이 열리기를 기다렸지만 이상하게 불안하지는 않다. 어떤 상황에서도 약속을 지키는 게 독일인들 아니던가? 정확하게 10분이 모자란 열 시에 노크 소리가 들린다. 해결되었으니 방을 옮기라는 것이다. 머릿속으로 수리비나 인건비 등을 복잡하게 계산하고 있었지만 그들은 내게 아무것도 청구하지 않았다. 이러니 내가 독일인을 믿지 않을 수 있겠는가? 노이슈반슈타인성으로 올라가는 길엔 사람들을 태운 관광 마차가 다닌다. 말 두 필이 이끄는 마차가 지나간 자리엔 말들이 실례한 배설물이 철퍼덕 떨어져 있다. 말 뒤 꽁무니에 배설물 받을 포대라도 달고 다녔으면 좋으런만 하고 생각하는 순간 배설물을 치우는 청소차가 어김없이 지나가고 있었다. 참 대단한 사람들 아닌가!

VII

독일, 프랑스, 이탈리아 역사산책을 마치며

우리는 샤를 3세(재위: 893~922년)부터 나폴레옹 1세(재위: 1804~1814년)까지 약 900년의 세월 동안 독일, 프랑스, 이탈리아가 배출한 '새로운 피'를 징검다리 건너기식으로 만나보았다. 얽히고설켜 복잡한 길은 뛰어넘고 큰 흐름만 따라왔지만, 그래도 우리에겐 너무 생경한 산책길이었다. 산책길 굽이굽이에서 만난 각양각색의 사람들 또한 무척 생소한 인물들이었다. 필자 또한 12장에 걸쳐 선별한 20명의 주인공들 중에는 잔 다르크나 나폴레옹처럼 익숙한 인물이 있는가 하면, 필리프 2세나 페르디난트 2세처럼 낯선 인물도 있었다. 이제 산책길 끝자락에서 그들이 우리에게 말해주는 것이 무엇인지 되뇌어본다.

제1장
지도자에 대하여

현대를 살아가는 우리에게 바람직한 지도자 상像은 어떠할까? 앞에서 본 인물들을 중심으로 단계별로 분별해보자.

제1단계: 이상주의적, 원리주의적 지도자와 현실주의적 지도자

우리는 앞에서 자신의 종교와 신념을 앞세운 이상주의적, 원리주의적인 지도자들을 만나보았다. 잔 다르크는 논외로 하더라도 그 대표적인 인물로 카를 5세와 페르디난트 2세와 같은 합스부르크가家의 일부 황제들이 그들이었다. 그리고 그들의 반대편에 있는 대표적인 현실주의적인 지도자로는 필리프 2세, 필리프 4세, 샤를 7세와 같은 프랑스 국왕들이었다. 한편 그레고리우스 7세와 보니파시오 8세와 같은 교황들은 종교적으로는 원리주의자였지만, 정치적으로는 이상주의자가 아닌 현실주의자였다는 사실이 재미있다. 이들을 유형별로 분류해보면 다음 그림과 같다.

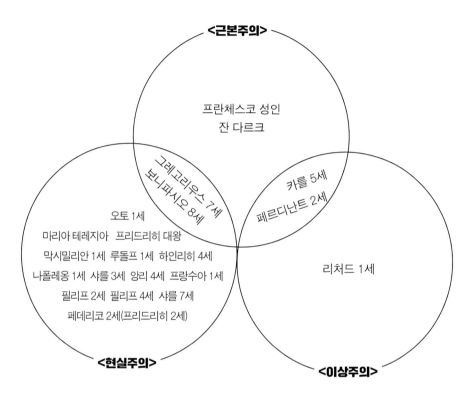

<근본주의>

프란체스코 성인
잔 다르크

그레고리우스 7세
보니파시오 8세

카를 5세
페르디난트 2세

오토 1세
마리아 테레지아 프리드리히 대왕
막시밀리안 1세 루돌프 1세 하인리히 4세
나폴레옹 1세 샤를 3세 앙리 4세 프랑수아 1세
필리프 2세 필리프 4세 샤를 7세
페데리코 2세(프리드리히 2세)

리처드 1세

<현실주의>   <이상주의>

그렇다면 이런 여러 유형의 지도자들 중에 우리는 어떤 지도자를 선택해야 할까? 물론 모든 분야에서 그런 것은 아니지만, 적어도 현실 정치에서는 이상주의적, 원리주의적인 지도자들보다 현실주의적인 지도자가 덜 위험하다는 사실을 역사는 말해준다. 비단 종교뿐만 아니라 잘못된 신념에 빠진 지도자가 우리를 얼마나 큰 위험으로 몰아가는지는 히틀러의 사례에서도 알 수 있다.

제2단계: 현실주의적 지도자의 유형

이상주의적, 원리주의적인 지도자들을 제외한 나머지 현실주의적인 지도자들의 유형은 어떠할까? 현실주의적인 지도자들의 최대 약점은 외양이 화려하지 않아서 대중에게 매력 없어 보일 수도 있다는 점이다. 제3차 십자군 원정의 영웅인 리처드 1세에 비하여 왜소한 외모의 필리프 2세는 얼마나 멋이 없었던가! 하지만 실속 없는 전시행정展示行政으로 끝나는 지도자는 곤란하다는 사실을 리처드 1세는 우리에게 보여주었다. 우리가 접한 현실주의적인 지도자를 긍정적 유형과 부정적 유형으로 나누어본다.

◇ 긍정적인 현실주의적 지도자 유형 ◇

• 필리프 2세 형型

'존엄왕' 필리프 2세는 생전에 적으로부터는 교활하고 음험한 음모자로, 신민들로부터는 인간적인 매력이라고는 약에 쓰려 해도 찾아볼 수 없는 왕으로 비난받았다. 하지만 그는 그런 세간의 평에 흔들리지 않고, 시종일관 냉철하게 자신이 가야 할 길을 갔다. 화려한 명성을 포기한 대신 확실한 실리를 차근차근 챙겨나간 것이다. 그 결과 용맹함과는 거리가 먼 필리프 2세였지만, 꼭 이겨야 될 전쟁에서는 결정적인 승리를 거두어 소멸될 위기에 처했던 프랑스를 반석 위에 세운 현군賢君이 되었다.

- 루돌프 1세/ 막시밀리안 1세 형型

합스부르크 가문을 일으켜 세운 루돌프 1세는 '새로운 피'란 나이와는 아무 상관없다는 사실을 보여준 대표적 인물이었다. 이탈리아를 경영해야 황제의 체면이 선다는 기존의 고정관념을 버리고, 가문의 실익을 추구한 그는 나이는 많지만 생각은 젊었던 독일의 진정한 '새로운 피'였다. 막시밀리안 1세 또한 우리에게 어떤 능력을 가지고 있느냐가 중요한 것이 아니라, 가지고 있는 능력을 어떻게 발휘해야 하는가를 가르쳐주었다. 그는 무력으로 세력 확장을 꾀하던 통상방법 대신 '정략결혼'이란 자신의 주특기를 발휘해 세계제국의 기반을 마련한 인물이었다. 이들은 공통적으로 한 가지 방법만 고집하지 않고, 현실을 인식한 유연한 사고방식으로 부족한 능력을 보완했다.

- 프랑수아 1세/ 마리아 테레지아 형型

사실 명성에 비해 프랑수아 1세의 실적은 변변치 않았다. 수많은 전쟁을 벌였지만 실질적으로 얻은 것은 없었고, 그가 벌인 방만한 건축 사업은 국가재정을 악화시켰다. 하지만 그는 부족한 실력을 철저한 공인의식公人意識과 책임감으로 보완한 군주였다. 포로가 되어 영토 할양을 강요받은 자리에서 '왕국 분할은 내 권한 밖의 일'이라며 버틴 프랑수아였기에 프랑스 신민들은 그에게 너그러울 수밖에 없었다. 여기에 더하여 '가톨릭 세계의 장남'인 프랑스 국왕으로 '이슬람 세계의 종주국'인 오스만 제국과 동맹을 맺는 파천황破天荒적인 발상의 전환은 우리를 깜짝 놀라게 한다. 그리고 프랑수아의 이러한 사고방식은 마리아 테레지아에게서도 찾을 수 있다. 신흥강국 프로이센에게 밀리자, 수백 년에 걸쳐 숙적이었던 프랑스에 손을 내민 그녀의 외교방식은 명분론에 매몰된 사람들은 도저히 꿈도 꿀 수 없는 유연한 사고에 기인한 것이었다. 비록 프랑수아 1세나 마리아 테레지아가 카를 5세나 프리드리히 대왕을 뛰어넘진 못했지만, 나름 선방할 수 있었던 데에는 고정관념에 얽매이지 않는 사고의 전환에 있었다.

◇ 부정적인 현실주의적 지도자 유형 ◇

같은 현실주의적 지도자라 해도 가급적 피하고 싶은 부정적인 유형을 꼽으면 다음과 같다.

• 샤를 3세/ 오토 1세 형型

출발부터 정통성 문제로 시달렸던 샤를 3세는 왕국의 내부결속을 꾀할 힘이 없었다. 그런 상황에서 노르만족이란 강력한 외적이 대두하자 현실주의자가 범하기 쉬운 과오를 범했다. 눈앞의 위기를 넘기려고 타협을 서두른 끝에 근본적인 해결책 없이 문제를 후세로 넘긴 것이다. 그 결과 샤를 3세는 호미로 막을 수도 있었을 위기를 가래로도 못 막는 위기로 키워놓았다. 신성로마 제국에서 유일한 대제大帝로 칭송받는 오토 1세지만, 따지고 보면 그도 샤를 3세와 별반 다를 바 없는 과오를 범했다. 세속권력을 견제하기 위하여 교회권력을 키우는, 소위 불로써 불을 끄려 했던 '제국교회정책'이란 잘못된 정책을 펼친 것이다. 그 결과 독일의 분열은 항구화恒久化되었으니, 두 사람은 안이하고 임시방편적인 미봉책과 잘못된 정책수립이 미래에 얼마나 큰 폐해를 끼치는지를 보여주었다.

• 그레고리우스 7세/ 보니파시오 8세 형型

근본주의를 표방한 교황들이었지만, 그들은 동시에 교황령 국가를 다스리는 대영주大領主였기에 현실주의적이지 않을 수 없었다. 그런 교황들의 특징을 가장 적나라하게 보여준 인물이 보니파시오 8세였다. 프랑스 국왕과 다투던 그는 생뚱맞게 로마 황제 차림을 하더니 심지어는 자신을 교황뿐 아니라 황제로 생각한다고 했으니 말이다. 로마 제국을 '악의 제국'으로 매도한 교황들이었지만, 사실 로마 제국의 위광威光을 가장 많이 빌려 쓴 측도 그들이었다. 그리스를 정복한 로마인들이 그리스 문화에 동화되었듯이, 로마 제국을 정복한 게르만 왕국들은 로마 제국의 위광을 둘러쓴 교황에게 압도당했다. 하지만 이는 게르만 왕국 안에 강력한 제후들이 존재하는 봉건제도 하에서만 가능했다. 프랑스를 필두로 왕권이 강화된 독립적인 국가체계가 출현하자, 그동안 왕과 제후들 간의 세력균형을 이용했던 교황의 정책은 더 이상 먹혀들지 않았다. 그렇다고 교황령 국가가 세속 국가들처럼 전면에 나서서 세력 강화를 꾀할 수는 없는 노릇이었다. 여기서 교황은 적으로 적을 치는 이이제이以夷制夷 전법을 애용했다. 1494년부터 1559년까지 벌어진 이탈리아 전쟁Great Wars of Italy은 교황의 이이제이 전법이 현란하게 펼쳐진 현장이었다. 하지만 외세를 끌어들여 자신의 문제를 근본적으로 해결한 사례를 필자는 어디에서도 본적이 없다. 아무런 이유 없이 자신을 희생하며 남을 도와줄 리 없기 때문이다. 남에게 도움을 청하면 내가 얻는 이익뿐만 아니라 궁극적으로는 자신마저 상대방에게 내어줘야 한다. 이탈리아 전쟁을 끝으로 이 책에서 교황이란 존재 자체가 사라져버린 사실은 이를 웅변적으로 말해준다.

- 프리드리히 대왕 형型

죽음을 앞두고도 오직 부국강병富國强兵을 위해 온몸을 던진 프리드
리히 대왕을 보면 애잔한 생각이 앞선다. 부정적인 현실주의적 지도
자 유형에 그를 포함시킨 데에는 한 가지 전제조건이 있다. 정상적인
국가의 지도자로서는 너무 극단적이지 않느냐는 생각에서다. 항상
극단적인 것에는 명明과 암暗이 함께 따르고, 극약처방은 비상시만으
로 족한 게 세상사 이치다. 프리드리히 대왕이 이끌던 당시의 프로이
센은 영국이나 프랑스, 오스트리아 등의 정상적인 국가와는 거리가
있었다. 국력의 척도인 영토와 인구 면에서 절대열세였던 프로이센을
일으켜 세우려면 상식적인 방법만으로는 충분치 않았으리라. 혹자는
공격일변도였던 그를 무모한 지휘관이라 혹평했지만, 한정된 자원을
최대한 활용하기 위해 '배수진背水陣'을 치는 심정으로 그리하지 않았
을까? '후일의 독일에 명明과 암暗을 함께 준' 프리드리히 대왕과 유
사한 지도자를 우리의 현대사에서 찾는다면 누가 가장 근접해 있을
까? 필자는 박정희 대통령을 꼽고 싶다. 박 대통령의 공과功過에 대한
평가는 아직도 진행 중이지만, 필자가 보기에 그는 '물질적 풍요의 기
반을 구축한 인물이자, 정신적 피폐를 야기한 인물'이었다.

여기서 필자는 '정신적 피폐를 야기한 인물'이란 박 대통령의 과過에
대하여 그를 위한, 아니 우리 자신을 위한 변辯을 써본다. 무릇 정치지
도자란 초인超人은 아니다. 하지만 우리는 그에 대한 기대가 높을수록
그가 초인이기를 바란다. 또한 몇 차례 말했지만 우리는 현재를 잣대
로 과거를 재단하는 '각주구검刻舟求劍식' 역사관을 배제한다. "나처럼
불행한 군인은 본인으로서 끝나기 바란다."라는 박 대통령의 말에는

이 두 가지 의미가 같이 들어있다. 아무런 기반 없는 신생국가의 지도자로서 절대빈곤을 타파하기 위해서는 정상적인 방법만으로는 역부족이었으리라. 많은 사람들이 장기집권을 위하여 그가 펼친 강압정치를 비난하지만, 그 또한 민주주의 체제가 확립되지 않은 상태에서는 '개인적인 양심'에 호소하는 차원에 불과하다. 그럼에도 불구하고 그가 행한 비민주적인 행위는 우리의 마음을 피폐시켰고, 그 후유증 또한 컸음을 부인할 수 없다. 그렇기에 정상적인 국가의 지도자로서는 바람직하지 않은 유형으로 분류되는 사실에 필자는 안타까움을 금할 수 없다. 'Simple Man'이란 호칭으로 프리드리히 대왕을 불렀던 호엔촐레른성의 가이드 노인네의 말속에 안쓰러움과 깊은 애정이 담겨있었듯이, 필자 또한 박 대통령을 그와 비슷한 시각으로 보고 있다.

- 페데리코 2세 형型

  필자가 이 책에서 언급한 인물 중에 페데리코 2세(프리드리히 2세)만큼 천재적인 지도자는 없을 것이다. 당대 최고의 지식인이자 온갖 재능을 타고난 그에게는 수백 년 앞을 내다보는 예지능력叡智能力까지 있었다. 그랬기에 봉건제로 갈가리 갈라진 국가를 통일시키려 했지만, 참혹한 실패로 끝나버렸다. 하지만 페데리코의 생각이 옳았음은 그 뒤에 진행된 역사가 말해준다. 페데리코는 우리에게 '자신의 생각이 아무리 옳다 해도 혼자 힘으로는 안 된다.'라는 사실을 일깨워준다. 비록 실패한 지도자였지만 필자는 페데리코에게 무한한 애정을 갖고 있다. 그가 천재라서가 아니라, 종교나 이념에 좌우되지 않는 냉철하고 객관적인 안목을 갖춘 인물이었기 때문이다. 페데리코와 유사한 지도자형型을 우리의 현대사에서 찾는다면 필자는 노무현 대통령을 꼽고 싶다. 아직도 사람들의 호불호好不好가 극심한 노 대통령이지만, 필자는 그를 '양적量的 성장에 더하여 질적質的 성숙의 중요성을 제시한 인물'로 본다.

노 대통령에게는 페데리코와 같은 천재성은 없지만, 앞으로 우리가 나아가야 할 방향을 제시했다는 점에서 페데리코 류類의 예지능력이 엿보인다. 그는 기존의 '권위주의'에서 탈피하여 '인간이 중심이 되는' 새로운 세계를 만들고자 했다. 그러나 노 대통령도 페데리코와 같은 실수를 피하지 못했다. 앞에서 우리는 페데리코의 실패 요인으로 그의 의사소통방식을 제일 먼저 문제 삼았다. 가장 가까워야 할 아들과도 의사소통이 안 되었다면, 나머지 사람들은 말할 필요조차 없었으리라. 천재인 페데리코는 자신의 이성과 능력을 과신한 나머지 그랬다지만, 보통 사람인 노 대통령은 왜 그랬을까? 사실 노 대통령만큼 의사소통을 강조했고, 또 솔선수범한 지도자도 드물었는데 말이다. 하지만 노 대통령은 이상하게도 의사소통이 꼭 필요한 사람들일수록 의사소통에 서툴렀다. 무언가 열등감에서 기인한 듯, 필요 이상으로 과격하고 품위 없는 언행은 상황을 더욱 악화시켰다. "대통령직 못 해먹겠다."라는 푸념과 "앞으로는 부동산이 고통으로 바뀌도록 해주겠다."라는 엄포가 그 대표적인 사례였다. '울고 싶은 데 뺨 때린다.'라는 식의 그런 발언은 반대 진영에 불을 질렀고, 결국 자신의 이상을 실현하는 데 결정적인 장애요인이 되었다. 노 대통령의 꿈을 지지하는 필자지만, 독불 장군격인 그를 긍정적인 지도자 유형에 포함시킬 수 없음에 깊은 아쉬움이 남는다.

제3단계: 바람직한 지도자 상像

앙리 4세는 페데리코 2세와 같은 천재도 아니었고, 카를 5세처럼 막대한 유산을 물려받은 행운아도 아니었다. 행운아이기는커녕 종교전쟁으로 엉망진창이 된 프랑스 왕국을 떠안은 소수파 위그노 지도자에 불과했다. 그런 그에게는 다수파인 가톨릭 측을 제압할 절호의 기회가 있었다. 1593년, 끝까지 자신에게 저항하는 파리를 포위했을 때였다. 앙리 4세가 마음먹기에 따라서는 자신의 원수들이 농성 중인 파리를 함락시킬 수도 있었다. 하지만 앙리는 그렇게 하지 않았다. 오히려 유리한 위치에 있던 자신을 바꾸어 상대에게 화해의 손길을 내밀었다. "파리는 미사를 드려서라도 가질 가치가 충분하지!"라며 위그노를 버리고 가톨릭으로 개종한 것이다. 앙리가 실천한 이러한 '관용寬容'의 실체는 과연 무엇일까?

같은 '관용'이라도 '정치적인 관용'은 '종교나 도덕적인 관용'과는 그 성격이 다르지 않을까 싶다. '정치적인 관용'은 '종교나 도덕적인 관용'과는 달리 '무조건적인 자기희생'이 아니다. '정치적인 관용'은 한마디로 말하면 '적을 위한 것이 아닌, 나 자신을 위한 것'이다. '정치적인 관용'이란 '내가 원하는 적의 머리를 얻기 위하여, 나의 팔을 적에게 주는 것'이다. 만약 앙리가 독일 왕들처럼 끝까지 파리를 공격했다면 어땠을까? 당장은 승리를 거두고 통쾌하게 원수들을 처단할 수도 있었으리라. 하지만 그랬을 경우 뒷감당을 할 수 있었을까? 가톨릭이 주류인 프랑스에서 일시적인 승리를 쟁취할 수는 있었겠지만, 결국은 프랑스판 30년 전쟁을 불러올 가능성이 컸다. 그럴 경우 오랜 종교전쟁으로

찌든 프랑스는 최악으로 내몰렸을 터이고, 앙리인들 무사할 리 없었다. 프랑스어로 '관용'을 뜻하는 '똘레랑스Tolérance'란 말은 '(불쾌한 일, 싫은 일 등을)참다.'라는 뜻의 'tolerate'에서 나왔다고 한다. 왜 참는 것일까? 미래의 자신과 모두의 이익을 위해 더 큰 그림을 그리는 게 '관용'이다. 단, '관용'이란 자신이 유리할 때 선제적으로 베푸는 것이다. 불리한 자의 '관용'이란 있을 수 없으며, '굴복'에 불과할 뿐이다. 국론이 극단으로 갈리는 요즘만큼 우리에게 앙리 4세와 같은 지도자를 필요로 하는 때도 없을 듯하다.

다시 한번 앙리 4세의 말을 되새겨본다.

"신교든 구교든 짐朕의 백성들이 일요일이면 닭을 먹을 수 있을 만큼 풍족하게 살게 해주는 신이라면, 그 신이 가톨릭의 신이든 위그노의 신이든 상관하지 않겠다."

앙리 4세와 같은 지도자가 이 땅에 출현하기를 간절히 바라면서 그의 말을 우리의 말로 바꾸어본다.

"우파든 좌파든 우리 국민들이 다시는 외세에 농락당하지 않고, 자주적이고 평화롭게 살 수 있게 해주는 지도자라면, 그 지도자가 우파든 좌파든 상관하지 않겠다."

제2장
우리 자신에 대하여

⊕ 본Bonn에서

독일 통일 전 서독西獨의 실질적인 수도였던 본Bonn은 라인강 변에 면한 아담한 중소도시다. 쾰른Köln에서 채 한 시간 거리도 안 되는 본은 스물두 살의 나이에 빈Wien으로 가기 전까지 베토벤이 살았던 고향이기도 하다. 1949년, 서독은 전후 첫 입법부 및 행정부 소재지로 본을 선정했다. 그런데 그 선정과정이 필자를 한없이 부럽게 만든다. 당시는 제2차 세계대전이 끝난 직후 동서진영 간에 체제경쟁이 극심하던 때였다. 냉전 체제하에서 패전국인 독일은 동·서독으로 분단되어 우리와 마찬가지로 양 진영의 최첨단에서 대치하고 있었다. 그렇다면 베를린을 수도로 삼은 동독東獨에 대항하기 위해서라도 그에 걸맞은 도시를 내세워야 되지 않았을까? 프랑크푸르트Frankfurt, 함부르크 Hamburg, 뮌헨München, 쾰른Köln과 같은 쟁쟁한 후보도시들이 있었는데, 왜 하필이면 중요도가 훨씬 떨어지는 본Bonn이었을까? 실제로 끝까지 본과 경합했던 프랑크푸르트의 경우는 이미 기반시설이 갖추어져 있어 아무것도 없는 본보다 훨씬 경제적이었다고 한다. 그럼에도 불구하고 초대 총리였던 아데나워Adenauer는 자신의 고향인 쾰른 옆에 있는 본을 수도로 결정했다. 이는 흡사 멀쩡한 서울을 놔두고 인근의

서독의 임시수도였던 본의 전경

광명이나 과천을 수도로 정한 것과 같은 이치였다. 왜 그랬을까? 아데
나워는 당장의 체제 경쟁보다는 언젠가는 필히 이뤄야 할 통일을 염
두에 두었다. 프랑크푸르트와 같은 대도시를 수도로 정한다면 그 지위
가 너무 확고해질 것이며, 그럴 경우 나중에 베를린으로 돌아갈 때 그
만큼 더 힘들고 통일에 대한 열망도 약해질 수 있다는 세간의 우려를
귀담아들은 것이다.

본의 연방정부 건물들은 구시가지에서 2㎞ 정도 떨어진 곳에 조성
되어있다. 아데나워의 커다란 머리 동상이 나뒹굴 듯이 설치되어 있는
공원을 지나 연방정부 청사지역으로 들어서니 그 앞에 안내 팻말이 보
인다. 잠시 그 내용을 읽어보다가 이번에는 너무 부러워서 콧등이 찡
해졌다. 본에 더 이상의 연방정부 건물을 신축하지 않기로 이미 1956
년에 의회에서 결의했다는 내용이다. 정 필요하면 임대건물을 사용하

아데나워의 두상

라는 말에는 독일의 통일이 진정 저절로 이루어진 것이 아니라는 사실이 응축되어 있었다.

예전에 우리는 같은 분단국이었던 독일과 많이 비교했다. 또한 독일 통일 후에는 통일을 일구어낸 그들의 저력을 부러워하며, 아직도 분단 상태에 있는 우리의 처지에 실망하기도 했다. 하지만 필자는 양국의 역사적 배경이 서로 다르기 때문에 우리와 독일을 동일선상에서 비교한다는 게 별 의미가 없다고 본다. 알다시피 우리는 신라시대 이래로 오랫동안 통일을 유지해온 국가다. 하지만 독일은 통일된 지 이제 겨우 150년 남짓 된 국가에 불과하다. 오랫동안의 분열 때문에 독일은 '30년 전쟁' 이후로 프랑스에 눌렸던 뼈아픈 과거를 갖고 있다. 이로 인해 독일인들은 살아남기 위해서는 뭉쳐야 한다는 것을 피부로 체득했을 것이다. 통일 전 서독西獨이 본을 수도로 삼은 지혜는 그들이 우리보다 의식수준이 높아서만은 아니었다. 그보다는 분열이 초래했던 불이익이 얼마나 컸는지를 기억한 경험론이 더 결정적이었을지 모른다. 그렇다고 우리도 독일처럼 오랜 분열을 거쳐 체화體化된 경험이 생길 때까지 마냥 기다릴 수는 없지 않겠는가? 그러기에는 너무나 빨리 변하는 현대사회가 우리를 기다려주지 않을 것이다. 이런 상황에서 정치지도자를 탓하기에 앞서 우리 자신은 어떻게 바뀌어야 할까?

첫째, 우리들 중에서 쉴리 공작과 같은 인물이 나오지 말란 법은 없다. 앙리 4세가 존재할 수 있었던 건 쉴리 공작이 있었기 때문이다. 모두가 진영논리에 빠져있을 때 스스로 거기서 벗어나기란 참 힘들다. 자신도 그렇거늘 하물며 윗사람에게 그것을 권하기란 거의 불가능하다. 하지만 위그노였던 쉴리 공작은 앙리 4세에게 대국적인 관점에서 가톨릭으로 개종하기를 권한 인물이었다. 지금까지 함께 싸워왔던 위그노들에게는 배신이나 다름없는 권고를 했던 쉴리 공작이야말로 프랑스의 저력이 어디서 나오는지를 보여준다. 필자는 쉴리 공작과 같은 프랑스인들의 유연한 사고방식이 천년을 넘게 벅찬 상대였던 독일과의 균형을 맞출 수 있었던 원동력이라 본다. 반면에 앙리 4세를 암살한 가톨릭 수사의 행동은 도대체 무슨 의미가 있었을까? 물론 자신의 종교와 신념을 지키는 자체를 뭐라 할 순 없겠지만, 앙리 4세의 암살은 극단주의의 폐해를 여실히 보여주는 사건이었다. 그들은 한 면은 볼 수 있을지언정, 또 다른 면은 결코 볼 수 없는, 아니 보려고 하지 않는 태생적 한계를 지니고 있다.

둘째, 나폴레옹을 품어 안은 프랑스의 토양처럼 우리도 그런 토양을 배양하지 못하란 법도 없다. "귤나무는 회수淮水 남쪽에 심으면 귤이 열리지만, 회수 북쪽에 심으면 탱자가 열린다."라는 고사故事가 있다. 나폴레옹이 코르시카에 남았다면 잘해봤자 코르시카 독립을 추진한 반군 지도자로 끝났을 가능성이 높다. 하지만 30년 전엔 프랑스도 아니었던 변방 출신자를 받아들인 프랑스의 개방성과 포용성 덕분에 '나폴레옹의 신화'가 꽃피울 수 있었다. 물론 나폴레옹의 개인 능력과 프랑스의 시대 요청이 없었다면 불가능했지만 말이다. 우리는 지금까지 기존의 현상을 타파하고 한 단계 상승하려면 '새로운 피'란 동력이 필요하다는 사실을 알았다. 그런데 '새로운 피'란 우리가 원하면 저절로 나타나는 그런 존재는 아니다. '새로운 피'의 출현은 우연일 수도 있고, 한 나라의 국운國運일 수도 있다. 하지만 '새로운 피'가 출현할 가능성을 높일 유일한 방법은 있다. '관용寬容'이 바로 그러하다. '관용'은 지도자뿐만 아니라 우리 모두에게도 필요한 덕목이다. 다시 한번 말하지만 '정치적인 관용'은 '베푸는 것'이 아니라 내 이익에 따라 '제시하는 것'이다. '정치적인 관용'은 참기 힘든 '인내'와 '자기절제'를 요구한다. '정치적인 관용'은 좋으나 싫으나 상대방의 존재를 인정하는 데에서부터 출발한다. 상대방이 '말살抹殺 대상'이라면 '정치적인 관용' 자체가 성립하지 않는다. 하지만 이 경우 꼭 기억해야 할 게 있다. 상대방이 '말살抹殺 대상'이라면, 당연히 우리도 그들의 '말살抹殺 대상'이라는 사실 말이다. 과연 이러한 것이 우리가 진정 원하는 길이며, 우리의 행복을 보장하는 길일까? 앙리 4세를 암살한 가톨릭 수사의 무의미한 행동을 왜 우리가 따라가야 하는가?

마지막으로 독일과 프랑스가 계속 주류세력으로 남을 수 있었던 요인 중에 하나는 서로가 서로에게 호적수好敵手가 되어주었기 때문이라고 본다. 유럽 역사의 중심 추는 5세기 말부터 로마의 세계에서 게르만의 세계로 옮겨왔다고 말했다. 그 게르만 세계의 중심이 독일이었기에, 분열 상태에서도 독일은 항상 유럽의 중심부였다. 하지만 프랑스는 독일과는 사정이 달랐다. 프랑스의 지배층은 게르만족의 일파인 프랑크족이었지만, 피지배층의 다수는 켈트족이었다. 그래서인지 프랑스는 게르만족의 국가인 잉글랜드나 독일에 비하여 상대적으로 싸움에 능하지 못했다. 국가의 속성으로만 본다면 프랑스는 독일보다는 스페인에 가까웠을 것이다. 하지만 프랑스는 계속해서 유럽의 중심부에 머무른 반면에 스페인은 어느 시점에서 주변부로 밀려나고 말았다. 왜 그랬을까? 필자는 그 원인으로 두 가지를 들고 싶다. 하나는 스페인 왕들 중에는 프랑스 왕들처럼 현실주의적이며 영악한 인물이 드물었다. 이상하게도 스페인 왕들 중에는 펠리페 2세처럼 수도사가 무색할 정도로 원리주의적인 인물이 출현했다. 그 때문에 스페인은 종교재판이나 무슬림 추방 등에 힘을 쏟은 결과 국가의 동력을 잃고 말았다. 둘은 호적수가 될 수도 있었던 프랑스와의 관계설정에 실패했다는 점이다. 부족한 실력을 오기로 때워가며 독일에 악착같이 대항했던 프랑스와는 달리, 스페인은 어느 순간부터 프랑스에 일방적으로 밀려버렸다. 호적수가 있고 없음이 얼마나 중요한지를 보여주는 대목이다. 그렇다면 우리는 어떨까?

독일과 프랑스가 오랫동안 호적수 관계를 유지하면서 유럽의 중심부로 남았듯이, 우리도 일본과 그런 관계를 형성할 순 없을까? 한 통계에 따르면 한·일 청구권 협정이 체결된 1965년에 양국의 국력 격차는 국내총생산GDP을 기준으로 약 1:100이었지만, 현재는 1:2.5로 좁혀졌다고 한다. 또한 전 세계에서 1인당 국민소득이 2만 달러 이상이면서 인구가 5000만 명 이상인 '20-50클럽'에 속하는 나라는 7개국에 불과한데, 미국, 영국, 프랑스, 일본, 이탈리아, 독일, 그리고 한국이 그들이라 한다. 물론 이런 양적量的 통계자료가 전부를 말해주는 것은 아니지만, 어쨌든 상당히 의미 있는 수치가 아니겠는가? 자타가 공인하듯이 우리는 단기간 내에 민주화와 경제성장을 동시에 이룬 대표적인 국가로 손꼽힌다. 확실히 우리보다 먼저 출발했지만 지금은 우리와 격차가 벌어진 많은 국가들을 보면, 그동안 우리가 거둔 성과에 자부심을 가져도 좋을 것이다. 하지만 향후의 전망은 어떨까? 확실한 건 이전보다는 훨씬 어려울 것이며, 이미 여러 방면에서 한계점을 보이기 시작했다는 사실이다. 이런 점에서 볼 때 어쩌면 지금이 우리에겐 한 단계 더 높은 도약을 위한 '새로운 피'가 절실히 필요한 때일지도 모른다. 독일과 프랑스가 경쟁과 협력을 통하여 러시아를 극복해나가듯이, 우리도 일본을 지렛대 삼아 중국을 극복할 수 있는 방법이 무엇일까? 우리 자신의 파이π부터 키우는 방법이 선행되어야 하지 않을까 싶다. 독일과 프랑스처럼 우리도 일본과 진정한 의미의 호적수 관계를 설정하려면 국내총생산GDP 기준으로 최소한 일본의 60~70% 수준은 되어야 하지 않을까? 여기서 우리는 좋으나 싫으나 결국 대對 북한 문제에 봉착하게 된다. 남·북한 문제에 관해서는 여기서 재삼 논할 필요는 없겠고, 다만 우리 자신에게 다짐하고 싶은 한 마디로 이 책을 마무리하고자 한다. 혹시 일부 독자는 지금까지 계속해서 현실주의적인 지도자의 중요성을 강조해온 필자 자신이 사실은 지극히 이상주의적인 보통 사람이라고 생각할지 모르겠다.

"눈앞에서 수많은 친지와 친구들이 살해당한 성 바르톨로메오 대학살을 겪은 앙리 4세였지만, 결국은 그들을 용서하고 자신이 먼저 그들에게 다가갔다. 그들이 좋아서가 아니라 프랑스와 자신을 위해서였다. 우리라고 앙리 4세와 같은 인물이 나오지 말란 법이 어디 있겠는가? 다시 강조하지만 '관용'이란 '적을 위한 것이 아닌, 나 자신을 위한 것이다. 단, '관용'은 자신이 유리할 때 선제적으로 베풀어야 그 의미가 있는 법이다."

알다시피 우리나라의 대외적인 경제 위상은 예전과는 비교할 수 없을 만큼 높아졌다. 2017년 국내총생산GDP 기준으로 세계 12위 국가라니 그럴 만도 하다. 반면에 부쩍 커진 경제력에 비해 국제무대에서 우리의 정치 위상은 상대적으로 떨어진다. 왜 그럴까? 여러 가지 이유 중에 첫 번째를 꼽으라면 아무래도 분단국가라는 약점Demerit 때문일 것 같다. 하긴 경제가 아무리 발전했어도 세계에서 유일하게 통일된 민족국가를 이루지 못한 나라의 국격國格을 높게 봐줄 리는 없으리라. 그런데 국격은 정치 분야는 물론이고 경제, 문화 같은 분야에서도 지대한 영향력을 발휘한다. 한 예로 우리는 같은 품질의 제품이라 해도 국격이 높은 나라의 제품을 선호하게 된다. 이 점만 봐도 우리의 국격을 높일 수 있는 통일 문제가 정치적 문제에 그치지 않고 경제적, 문화적 문제까지 포괄한다는 사실을 알 수 있다. 이렇게 중차대重且大한 통일 문제에 대해 필자는 보통 사람으로서 평소에 느낀 두 가지 소감을 피력해본다.

첫째, 너무나 당연한 말이지만 통일 문제는 특정 정당이나 정권 차원이 아닌, 한민족이란 민족공동체 차원의 문제로 접근해야 한다는 사실이다. 다시 말해 통일 문제는 어느 특정 정당의 트레이드마크trade-mark일 수도 없고, 반대로 어느 특정 정당의 아킬레스건腱일 수도 없다. 하지만 지금까지의 추이를 보면 통일 문제가 당리당략黨利黨略 차원으로 전락하는 것은 아닌가 하는 우려를 금할 수 없다. 만약에 그런 구도가 고착된다면 한쪽에서는 장기적인 전략 없이 성과에 급급하여 서두를 것이고, 또 다른 쪽에서는 이를 상대 당黨의 성과로 인식하여 무조건적인 발목잡기에 나설 것이다. 그리고 그런 상황에서는 결코 좋은 결과를 기대할 수 없을 것이다. 옛 서독西獨의 수도 본에서 봤듯이, 통일이란 어느 날 갑자기 '통일 대박론'을 들고 나온다고 저절로 이루어지는 경박한 것이 아니다. 또한 '같은 민족끼리'를 아무리 외쳐본들 공짜로 통일이 오기엔 남·북한의 간격은 너무 벌어져 있다. 여기서 우리는 이 사회 지도층에게 앙리 4세와 같이 자신부터 바꾸어보는 '관용'을 기대해본다. 즉, 한쪽은 지금까지 자신의 트레이드마크처럼 여겨왔던 '대북정책'이란 기득권 아닌 기득권을 내려놓고, 또 다른 쪽은 '통일 문제'가 자신의 아킬레스건이 아닌 자신의 문제라는 공동체 의식을 가졌으면 좋겠다. 이럴 때 비로소 정권교체와 관계없이 일관된 대북정책이 나올 수 있고, 그를 기반으로 대외협상력을 높여갈 수 있지 않겠는가?

둘째, 이 땅은 우리만 살다 가면 그만인 그런 땅이 아니다. 지금까지 그래왔듯이 이 땅은 민족공동체의 터전이다. 그렇다면 샤를 3세처럼 후손에게 짐을 떠넘기지 말고, 어떻게 해서든 우리 세대에서 풀어보려는 게 후손에 대한 최소한의 도리일 것이다. 그런데 요즘 그나마 내 손안에 쥐고 있는 것마저 흩트릴까 봐 걱정되어 통일을 경원하는 사람들이 있다. '통일비용' 운운하며 통일이 될 경우 미래 세대가 떠안을 부담만을 강조하는 일부 언론들의 논조는 흡사 '반反통일'을 유도하는 느낌마저 들게 한다. 물론 필자도 무조건적이며 감상적인 통일을 주장하는 것은 아니다. 또한 통일에 따른 여러 문제점을 짚어보는 절차는 당연히 필요하다고 본다. 하지만 통일을 향한 실질적인 발걸음은 한 걸음도 내딛지 않으면서, 그 부작용만 따진다면 순서가 뒤바뀐 것이 아닐까 싶다. 독일의 경우를 타산지석他山之石 삼아 어떻게 하면 통일에 따른 부작용을 최소화할 수 있을까를 논의하는 대신, 차라리 그냥 이대로 살자는 극단적인 이기주의를 필자는 배격한다. 아무리 어려워도 한 번은 극복하고 넘어가야 할 길이 통일로 가는 길이 아니겠는가.

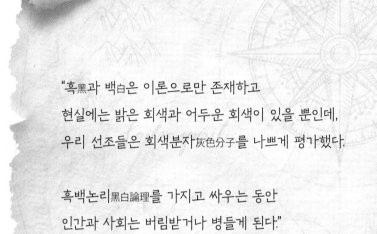

"흑黑과 백白은 이론으로만 존재하고
현실에는 밝은 회색과 어두운 회색이 있을 뿐인데,
우리 선조들은 회색분자灰色分子를 나쁘게 평가했다.

흑백논리黑白論理를 가지고 싸우는 동안
인간과 사회는 버림받거나 병들게 된다."

-김형석 교수

사진 목록

지도 목록